DE CERO A HÉROE EN DROPSHIPPING CON SHOPIFY: TODO LO QUE NECESITAS SABER PARA TENER ÉXITO

Sébastien JULLIARD-BESSON – Digital Workout 2023

Traduce desde la obra original en francés « De Zéro à Héros du Dropshipping avec Shopify : Tout ce que vous devez savoir pour réussir »

PREFACIO

En un mundo donde la digitalización ha transformado nuestra forma de vida, trabajo y negocios, el comercio en línea se ha convertido en una fuerza imparable. En el centro de esta revolución se encuentra el dropshipping, un método de venta en línea que ha permitido a miles de emprendedores iniciar sus propios negocios con una inversión mínima. Es en este contexto que me complace presentarles esta formación, titulada 'Comercio Electrónico en Dropshipping con Shopify'.

Mi nombre es Sébastien JULLIARD-BESSON, y soy un experto en comercio electrónico con más de 15 años de experiencia en el campo. Como Jefe de Proyecto Web, he tenido la oportunidad de trabajar en una multitud de proyectos de comercio en línea y he adquirido un conocimiento profundo de los desafíos y oportunidades en este sector en constante evolución. Es esta experiencia la que quería compartir con ustedes a través de esta formación.

Esta formación está diseñada como una guía completa para ayudarles a navegar por el mundo del dropshipping con Shopify. Está dividida en 21 capítulos, cada uno centrado en un aspecto diferente del proceso. Comenzarán con una introducción al dropshipping antes de adentrarse en los detalles de la creación y gestión de una tienda Shopify.

Aprenderán cómo elegir un nicho para su tienda, encontrar proveedores de dropshipping confiables y agregar productos de manera eficiente a su tienda. También descubrirán cómo configurar las opciones de pago y envío, elegir y personalizar un tema para su tienda y optimizarla para SEO.

Sin embargo, crear una tienda en línea exitosa no se limita solo a los aspectos técnicos. Por eso, esta formación también aborda temas como el marketing, el servicio al cliente y el análisis del rendimiento. Aprenderán cómo crear una estrategia de marketing efectiva, utilizar el marketing por correo electrónico y las redes sociales para atraer y retener clientes y ofrecer un excelente servicio al cliente. También aprenderán cómo manejar devoluciones, reembolsos y reseñas de clientes, y cómo utilizar el remarketing para aumentar las ventas.

En última instancia, esta formación tiene como objetivo proporcionarles una comprensión completa del dropshipping con Shopify y dotarles de las herramientas y conocimientos necesarios para tener éxito. Ya sean principiantes o tengan experiencia en el comercio en línea, estoy seguro de que encontrarán información valiosa y consejos prácticos en esta formación.

Les deseo una lectura enriquecedora y un exitoso viaje en el dropshipping,

Sébastien JULLIARD-BESSON

CAPÍTULO 1: INTRODUCCIÓN AL DROPSHIPPING

1. ¿Qué es el Dropshipping?
2. ¿Por qué es popular el Dropshipping?
3. ¿Cómo iniciar un negocio de dropshipping?
4. Ventajas del Dropshipping
5. Desafíos del Dropshipping
6. Conclusión

CAPÍTULO 2: ENTENDER SHOPIFY

1. ¿Qué es Shopify?
2. Cómo funciona Shopify?
3. Los Beneficios de Shopify
4. Cómo Empezar con Shopify para el Dropshipping
5. Shopify y el Dropshipping

CAPÍTULO 3: CÓMO CREAR UNA TIENDA EN LÍNEA EN SHOPIFY

1. Paso 1: Registrarse en Shopify
2. Paso 2: Configuración de tu tienda
3. Paso 3: Agregar productos
4. Paso 4: Configuración de los ajustes de pago y envío
5. Paso 5: Elección y personalización de un tema para tu tienda
6. Paso 6: Optimización de tu tienda para el SEO
7. Paso 7: Configuración de Google Analytics y Facebook Pixel
8. Paso 8: Lanzamiento de tu tienda Shopify
9. Conclusión: Lanzamiento exitoso de tu tienda Shopify

CAPÍTULO 4: CÓMO ELEGIR UN NICHO PARA TU TIENDA SHOPIFY

1. Comprender qué es un nicho
2. Por qué elegir un nicho es importante para tu tienda Shopify
3. Cómo identificar un nicho rentable
4. Factores a considerar al elegir un nicho
5. Herramientas para ayudarte a encontrar un nicho
6. Cómo validar tu idea de nicho
7. Conclusión

CAPÍTULO 5: CÓMO ENCONTRAR PROVEEDORES DE DROPSHIPPING

1. Comprender el papel de los proveedores en el dropshipping

CAPÍTULO 10: CONFIGURACIÓN DE GOOGLE ANALYTICS Y FACEBOOK PIXEL PARA TU TIENDA SHOPIFY

1. Configuración de Google Analytics
2. Configuración de Facebook Pixel
3. Conclusión

CAPÍTULO 11: CÓMO CREAR UNA ESTRATEGIA DE MARKETING PARA TU TIENDA DE SHOPIFY

1. Paso 1: Análisis de la situación
2. Paso 2: Definir tu público objetivo
3. Paso 3: Establecer tus objetivos de marketing
4. Paso 4: Elegir tus canales de marketing
5. Paso 5: Análisis del impacto
6. Paso 6: Revisión y ajuste
7. Conclusiones

CAPÍTULO 12: CÓMO UTILIZAR EL MARKETING POR CORREO ELECTRÓNICO Y EL MARKETING EN REDES SOCIALES PARA TU TIENDA SHOPIFY

1. Marketing por correo electrónico para tu tienda Shopify
2. Marketing en redes sociales para tu tienda Shopify
3. Conclusión

CAPÍTULO 13: CÓMO UTILIZAR EL MARKETING DE INFLUENCIA Y LA PUBLICIDAD PAGADA PARA TU TIENDA SHOPIFY

1. Sección 1: El marketing de influencia
2. Sección 2: Publicidad pagada
3. Conclusión

CAPÍTULO 14: CÓMO BRINDAR UN EXCELENTE SERVICIO AL CLIENTE EN TU TIENDA SHOPIFY

1. Comprender las expectativas de los clientes
2. Establecer canales de comunicación efectivos
3. Responder a las solicitudes y quejas de los clientes
4. Gestión de devoluciones y reembolsos
5. Personalización de la experiencia del cliente
6. Construcción de la lealtad de los clientes
7. Medición de la satisfacción de los clientes

CAPÍTULO 1: INTRODUCCIÓN AL DROPSHIPPING

1. ¿Qué es el Dropshipping?

El dropshipping es un modelo de negocio de comercio electrónico que ha revolucionado la forma en que se venden y distribuyen los productos. En el modelo tradicional de comercio electrónico, un minorista debe comprar inventario, almacenarlo en un almacén y luego enviarlo a los clientes cuando realizan un pedido. Esto requiere una inversión inicial significativa en inventario y espacio de almacenamiento, así como una gestión continua del inventario y los envíos. Sin embargo, con el dropshipping, el minorista no necesita gestionar el inventario ni los envíos. En cambio, se asocia con un dropshipper, un mayorista que almacena sus propios productos. Cuando un cliente realiza un pedido, el minorista envía los detalles del pedido al dropshipper, quien luego envía el producto directamente al cliente. El minorista nunca tiene que manipular el producto por sí mismo. Esto significa que el costo inicial para iniciar un negocio de dropshipping es mucho menor que el de un negocio de comercio electrónico tradicional. Además, como el minorista no tiene que gestionar el inventario ni los envíos, puede centrarse en otros aspectos del negocio, como el marketing y el servicio al cliente.

◆ ◆ ◆

2.   ¿Por qué es popular el Dropshipping?

El dropshipping se ha vuelto popular por varias razones. En primer lugar, el costo inicial es mucho menor que el de un negocio de comercio electrónico tradicional. Dado que el minorista no tiene que comprar inventario por adelantado, no hay un costo inicial significativo. Además, como el minorista no tiene que gestionar el inventario ni los envíos, no hay costos continuos asociados a estas actividades. En segundo lugar, el dropshipping ofrece una gran flexibilidad. Un minorista puede agregar o quitar productos de su sitio web a voluntad, sin preocuparse por el inventario restante. Esto permite al minorista probar fácilmente nuevos productos y adaptarse rápidamente a las tendencias cambiantes del mercado. Finalmente, el dropshipping permite que el minorista se concentre en lo que mejor sabe hacer: el marketing y el servicio al cliente. En lugar de pasar tiempo gestionando el inventario y los envíos, el minorista puede dedicar su tiempo a atraer nuevos clientes y satisfacer a los clientes existentes.

◆ ◆ ◆

3.   ¿Cómo iniciar un negocio de dropshipping?

Iniciar un negocio de dropshipping implica varios pasos. El primer paso es elegir una nicho de productos. Es importante seleccionar un nicho que sea rentable y de interés personal. Una vez que haya elegido un nicho, debe encontrar uno o varios dropshippers que vendan los productos que desea ofrecer. Es importante elegir un dropshipper confiable con una buena reputación. Puede encontrar dropshippers buscando en línea, utilizando directorios de dropshipping o contactando directamente a los fabricantes de los productos que desea vender. Una vez que haya encontrado un dropshipper, debe crear su sitio web. Hay muchas plataformas de comercio electrónico que pueden ayudarlo a construir un sitio web profesional sin requerir conocimientos de codificación. También deberá elegir un nombre para su negocio y crear un logotipo. A continuación, debe agregar los productos de su dropshipper a su sitio web. Deberá escribir descripciones de productos convincentes y tomar fotos de alta calidad de los productos para atraer a los clientes. Finalmente, debe promocionar su negocio. Esto puede implicar el uso de redes sociales, SEO, marketing por correo electrónico y otras estrategias de marketing en línea. Además de estos pasos, si se encuentra en Francia, también deberá establecer una entidad legal para su negocio de dropshipping. El proceso de creación de una empresa en Francia puede variar según el tipo de empresa que elija. Aquí hay algunos pasos generales que deberá seguir:

a. Elija una estructura empresarial:

Existen varios tipos de estructuras empresariales en Francia, como empresario individual, sociedad de responsabilidad limitada (SARL), sociedad anónima (SA) y sociedad por acciones simplificada (SAS). Cada tipo de estructura tiene sus propias ventajas y desventajas, y la elección de la estructura dependerá de sus necesidades específicas.

b. Registre su negocio:

Una vez que haya elegido una estructura empresarial, deberá registrar su negocio. Esto generalmente implica completar un formulario de registro, proporcionar pruebas de una dirección comercial y publicar un aviso de constitución de la empresa en un diario legal.

c. Obtenga números SIRET, SIREN y APE:

Estos números son esenciales para el registro de su negocio en Francia. El número SIREN es un identificador único para su negocio, mientras que el número SIRET es un identificador para cada establecimiento de su negocio. El código APE describe la actividad principal de su negocio.

d. Abra una cuenta bancaria empresarial:

En Francia, generalmente es necesario abrir una cuenta bancaria separada para su negocio. Esto ayuda a separar sus finanzas personales de las finanzas de su negocio, lo que facilita la gestión de su negocio y el seguimiento de sus cuentas.

e. Regístrese para el IVA:

Si su negocio alcanza cierto nivel de facturación, deberá registrarse para el IVA.

f. Elija un nombre comercial:

Deberá elegir un nombre comercial único y verificar que no esté en uso. Puede realizar una verificación simple de forma gratuita o pagar por una búsqueda más detallada. Si desea tener el uso exclusivo del nombre que elija, puede registrarlo por una tarifa.

g. Redacte un plan de negocios:

Un plan de negocios es un documento que describe su negocio, objetivos, estrategia de marketing, análisis de mercado y otra información importante sobre su negocio. Generalmente se requiere al iniciar un negocio.

h. Busque asesoramiento legal y contable:

Es recomendable consultar con un abogado y un contador para ayudarlo a navegar por el proceso de creación de la empresa. Pueden ayudarlo a comprender las leyes y regulaciones aplicables a su negocio, preparar los documentos necesarios para registrar su negocio y gestionar sus finanzas.

Es importante tener en cuenta que el proceso de creación de una empresa en Francia puede ser complejo y requerir mucho tiempo y esfuerzo. Sin embargo, con una planificación y preparación adecuadas, puede establecer un exitoso negocio de dropshipping en Francia.

◆ ◆ ◆

4.   Ventajas del Dropshipping

El dropshipping ofrece varias ventajas que lo hacen atractivo para los emprendedores. Aquí hay algunas de las principales ventajas del dropshipping:

a. Bajo costo inicial:

A diferencia de un negocio minorista tradicional, no necesita invertir mucho dinero para comenzar un negocio de dropshipping. No tiene que comprar inventario por adelantado, lo que reduce significativamente sus costos iniciales.

b. Facilidad de gestión:

Con el dropshipping, no tiene que preocuparse por la gestión del inventario ni por el envío de productos. Su dropshipper se encarga de todo eso por usted.

c. Flexibilidad:

El dropshipping le permite trabajar desde cualquier lugar y en cualquier momento. Todo lo que necesita es una conexión a Internet.

d. Amplia selección de productos:

Con el dropshipping, puede vender una amplia variedad de productos sin tener que almacenarlos usted mismo. Esto le brinda la oportunidad de ofrecer una amplia selección de productos a sus clientes.

e. Riesgo reducido:

Dado que no tiene que comprar inventario por adelantado, el riesgo financiero asociado con el inicio de un negocio de dropshipping es mucho menor que el de un negocio minorista tradicional.

Sin embargo, es importante tener en cuenta que el dropshipping también presenta desafíos. Por ejemplo, debe encontrar un dropshipper confiable, enfrentar la competencia y trabajar con márgenes de beneficio más bajos. A pesar de estos desafíos, el dropshipping sigue siendo una excelente opción para los emprendedores que desean comenzar un negocio.

◆ ◆ ◆

5.   Desafíos del Dropshipping

S i bien el dropshipping ofrece muchas ventajas, también presenta desafíos únicos que los emprendedores deben superar para tener éxito. Aquí hay algunos de los desafíos comunes asociados con el dropshipping:

a. Descubrimiento de nuevos productos:

Uno de los obstáculos más difíciles que enfrentan los dropshippers es la necesidad constante de descubrir nuevos productos. La vida útil de la mayoría de los productos de dropshipping es de aproximadamente 5 a 6 meses, lo que significa que cuando un producto se satura, los dropshippers deben encontrar nuevos productos para vender.

b. Gestión del inventario:

Los negocios de dropshipping dependen de proveedores externos para almacenar inventario y enviar productos, lo que puede llevar a problemas de disponibilidad de inventario y tiempos de envío.

c. Problemas de pago:

Cumplir con los pedidos desde lugares que no aceptan ciertos procesadores de pago, como China, también puede ser problemático. Esto puede resultar en problemas con procesadores de pagos como PayPal, que pueden restringir el flujo de fondos mediante la implementación de una reserva o retención en la cuenta.

Para superar estos desafíos, los dropshippers pueden implementar diversas estrategias. Por ejemplo, pueden llevar a cabo investigaciones continuas para identificar productos de tendencia y ajustar sus ofertas para satisfacer las cambiantes demandas de los clientes. También pueden encontrar proveedores o almacenes locales y realizar pedidos en grandes cantidades para ayudar a resolver problemas locales de almacenamiento y envío. También es crucial seguir ciertas mejores prácticas para administrar un negocio de dropshipping exitoso. Por ejemplo, poner al cliente primero es esencial, lo que significa crear un sitio web fácil de usar y navegable que pueda aumentar las tasas de conversión y generar más ventas. Establecer relaciones sólidas con los proveedores también es crucial, ya que puede ayudar a los dropshippers a negociar mejores precios y asegurarse de que la calidad de los productos que venden sea de primera calidad.

◆ ◆ ◆

6.   Conclusión

El dropshipping es un método de comercio electrónico que ofrece muchos beneficios, incluidos bajos costos iniciales, facilidad de gestión y gran flexibilidad. Sin embargo, al igual que cualquier negocio, el dropshipping también presenta desafíos. Es importante entender estos desafíos y saber cómo superarlos para tener éxito en el dropshipping. Además, el dropshipping requiere una planificación y estrategia efectivas. Elegir un nicho de productos rentable, encontrar un dropshipper confiable y crear un sitio web atractivo son pasos importantes. Si se encuentra en Francia, también deberá navegar por el proceso de establecer una entidad legal para su negocio de dropshipping.

CAPÍTULO 2: ENTENDER SHOPIFY

1. ¿Qué es Shopify?

Shopify es una plataforma de comercio electrónico basada en la nube creada para ayudar a personas y empresas a construir sus propias tiendas en línea personalizadas. Fundada en 2006, hoy en día es una de las principales plataformas de comercio electrónico en el mundo, con más de un millón de comerciantes activos en aproximadamente 175 países. La misión de Shopify es sencilla: mejorar el comercio para todos. Y para lograrlo, han creado una plataforma que permite a cualquiera, desde un empresario individual hasta un gran minorista, iniciar, administrar y hacer crecer su negocio.

Shopify es más que una simple plataforma de tienda en línea. Es una solución de comercio electrónico completa que ofrece una variedad de servicios, como pagos, marketing, envío y herramientas de gestión de relaciones con el cliente.

a. Flexibilidad y accesibilidad

Uno de los mayores beneficios de Shopify es su flexibilidad. Ya sea que vendas productos físicos, productos digitales, servicios, membresías, eventos de pago, alquileres o incluso cursos y lecciones, Shopify tiene las herramientas para ayudarte. Puedes personalizar la apariencia de tu tienda con temas, añadir funcionalidades con aplicaciones y vender a través de múltiples canales de venta, incluidas redes sociales y mercados en línea.

Además de su flexibilidad, Shopify también es conocido por su facilidad de uso. Incluso si no tienes experiencia en diseño web o codificación, puedes crear una tienda en línea atractiva y funcional. Shopify ofrece una interfaz de usuario intuitiva y guías detalladas para ayudarte en cada paso del camino.

b. Características integradas

Shopify ofrece una variedad de características incorporadas para ayudar a las empresas a administrar su tienda en línea de manera eficiente. Por ejemplo, cuenta con un panel de control único donde puedes administrar pedidos, seguir ventas y monitorear el rendimiento de tu tienda. También ofrece herramientas para ayudar en la creación, ejecución y análisis de campañas de marketing digital.

Además, Shopify proporciona una solución de pago integrada llamada Shopify Payments. Esto permite a los comerciantes aceptar pagos con tarjeta de crédito directamente en su tienda, sin necesidad de una cuenta de comerciante de terceros. Shopify Payments es fácil de configurar y ofrece tarifas competitivas.

c. Soporte y recursos

Shopify es conocido por su excelente servicio al cliente. Ofrecen asistencia 24/7 por chat en vivo, correo electrónico y teléfono. Además, cuentan con una extensa base de conocimiento en línea con guías, tutoriales y foros de la comunidad para ayudar a los comerciantes a resolver problemas y aprender a usar la plataforma.

Además de su servicio al cliente, Shopify también ofrece una variedad de recursos para ayudar a los comerciantes a tener éxito. Por ejemplo, tienen una academia Shopify que ofrece cursos gratuitos sobre comercio electrónico y emprendimiento. También tienen un blog con artículos sobre una variedad de temas.

Shopify ha seguido innovando y mejorando sus servicios para ayudar a las empresas a crecer y tener éxito. Aquí hay algunas de las actualizaciones y características clave que se han introducido:

i.   *Infraestructura global potente*

Shopify ha expandido significativamente su infraestructura global, permitiendo que los sitios se carguen rápidamente, independientemente de la ubicación de los clientes. Con 270 puntos de presencia en todo el mundo y nuevas ubicaciones en desarrollo, los sitios en Shopify responden dos veces más rápido.

ii.   *Nuevo proceso de pago en una sola página*

Shopify ha introducido un nuevo proceso de pago en una sola página, inspirado en la tasa de conversión probada de Shop Pay. Este nuevo proceso de pago es más rápido, convierte mejor y cumple exactamente con las expectativas de los clientes. Además, Shopify ha introducido un editor de proceso de pago de arrastrar y soltar que permite a los comerciantes personalizar fácilmente la apariencia de su proceso de pago.

iii.   *Promesa de Shop*

Para ayudar a fortalecer la confianza de los clientes, Shopify ha introducido la "Promesa de Shop". Al instalar el canal de Shop y añadir el distintivo de Promesa de Shop y las fechas de entrega a su tienda, los comerciantes pueden comunicar una entrega rápida y confiable a sus clientes. Si se incumplen las fechas de entrega, los clientes reciben una garantía limitada.

iv.   *Conexión con Shop*

Shopify también ha introducido una función que permite a los usuarios de Shop de alta intención iniciar sesión antes de llegar al proceso de pago con sus credenciales de Shop, incluidas las claves de acceso guardadas. Esto permite a los clientes pasar rápidamente por un proceso de pago con un solo clic utilizando Shop Pay, lo que reduce las tasas de rebote y aumenta la conversión.

v.   *Optimización de imágenes y puntos focales*

Para mejorar la velocidad de las tiendas y aumentar las tasas de conversión, Shopify optimiza las imágenes para la más alta calidad y el menor tamaño de archivo. Los comerciantes ahora pueden elegir el punto focal en las imágenes para que sus productos aparezcan en primer plano.

vi.   *Contenido de escaparate generado por IA*

Para ayudar a los comerciantes a superar el bloqueo del escritor, Shopify ha introducido una función que genera automáticamente descripciones de productos. Los comerciantes pueden ingresar palabras clave o características, y el sistema genera una descripción. Esto permite producir descripciones persuasivas y específicas al tono que convierten mejor.

Estas mejoras y características muestran cómo Shopify se esfuerza constantemente por mejorar la experiencia para los comerciantes y sus clientes. Ya seas un empresario individual que comienza o una empresa establecida que busca expandirse, Shopify tiene las herramientas para ayudarte a tener éxito.

❖ ❖ ❖

2.   *Cómo funciona Shopify?*

S hopify es una plataforma de comercio integral que te permite iniciar, desarrollar y gestionar un negocio. Unifica todo tu comercio en una única plataforma. Con Shopify, los comerciantes pueden construir y personalizar una tienda en línea y vender en múltiples ubicaciones, incluidos la web, el móvil, en persona en lugares físicos y a través de múltiples canales, desde redes sociales hasta mercados en línea.

Shopify está completamente basado en la nube y alojado, lo que significa que puedes acceder desde cualquier dispositivo conectado y compatible. Shopify se encarga de las actualizaciones de software y del mantenimiento del servidor por ti. Esto te da la flexibilidad para acceder y gestionar tu negocio desde cualquier lugar con una conexión a internet.

El producto de Shopify se puede pensar como capas que puedes elegir para construir la pila adecuada para tu negocio:

a.   Capa 1: El producto básico de Shopify

Esto es lo que obtienes tan pronto como compras cualquier plan de Shopify. Incluye todo lo que necesitas para convertir tu idea en un negocio y comenzar a vender. Desde plantillas para el aspecto de tu tienda, herramientas para vender en múltiples ubicaciones en línea y en persona, procesamiento de pagos integrado, el proceso de pago más eficaz en la web, herramientas de SEO y marketing; todo esto forma parte del producto básico de Shopify. Es la base sobre la que se construyen nuestros otros productos y aplicaciones.

b.   Capa 2: Productos y servicios adicionales de Shopify

Cada negocio independiente es único y, a medida que las empresas crecen, sus necesidades evolucionan en consecuencia. Es por eso que Shopify ofrece a sus clientes actualizaciones potentes para ayudarlos a expandir su negocio en nuestra plataforma. Desde un acceso más fácil al capital hasta opciones de pagos acelerados, estos productos y servicios son exclusivos para los clientes de Shopify y están diseñados para ayudar a los propietarios de negocios independientes a mantener una ventaja competitiva.

c. Capa 3: Aplicaciones construidas por socios de confianza

La tienda de aplicaciones de Shopify cuenta con miles de aplicaciones y funciones construidas por desarrolladores externos para personalizar tu tienda sin tener que tocar el código. Encontrarás las herramientas más avanzadas para desarrollar tu negocio en la tienda de aplicaciones, ya sea la última aplicación de SMS o las herramientas publicitarias de las redes sociales más populares.

En resumen, Shopify está diseñado para escalar contigo, independientemente de tu madurez técnica, tu crecimiento, tu tamaño, tu complejidad o tu ubicación. Nunca tendrás un acceso limitado a la tecnología y las características para construir tu negocio, y nunca superarás a Shopify a medida que tus necesidades cambien, evolucionen o se expandan.

3. Los Beneficios de Shopify

S hopify es una plataforma de comercio electrónico que ofrece numerosas ventajas para las empresas, especialmente aquellas que venden una gran cantidad de productos físicos. Aquí tienes algunos de los principales beneficios de utilizar Shopify:

a. Interfaz Fácil de Usar

Shopify es conocido por su interfaz fácil de usar. No requiere habilidades técnicas para su uso. No necesitas contratar a un desarrollador; puedes configurar un sitio web en menos de 48 horas. Es una plataforma que ha creado más millonarios que cualquier otra herramienta que haya visto, según Paul Waddy, experto en comercio electrónico y autor de "Shopify for Dummies".

b. Planes y Precios Flexibles

Shopify ofrece una gama de planes de precios para adaptarse a empresas de diferentes tamaños. Ya seas una pequeña startup o una gran empresa que maneja un alto volumen de ventas, Shopify tiene un plan que puede satisfacer tus necesidades. Además, cada plan viene con un conjunto de funciones que pueden ayudar a que tu negocio crezca.

c. Gestión Avanzada de Inventarios y Pedidos

Shopify proporciona herramientas avanzadas de gestión de inventarios y pedidos. Los vendedores pueden rastrear y gestionar los stocks entrantes y comprometidos, así como mover stocks entre tiendas y almacenes. El panel de control de

Shopify muestra los pedidos de clientes que ya se han realizado. Pueden ordenar los pedidos según el método de cumplimiento o la ubicación de entrega y realizar cambios si es necesario antes de que los pedidos se envíen.

d. Integraciones con Redes Sociales y Mercados en Línea

Shopify permite a los vendedores listar sus productos en Facebook, Instagram, YouTube, TikTok, Google y Walmart Marketplace. Pueden elegir las plataformas que mejor se adapten a su marca y público, y luego gestionar todos sus pedidos desde el mismo panel de control que alimenta el resto de su tienda Shopify.

e. Tarifas de Envío Reducidas

Los vendedores de Shopify tienen acceso a tarifas de envío especiales con transportistas que incluyen USPS, UPS, DHL Express y Canada Post. Shopify también incluye la impresión de etiquetas de envío y hasta $200 en seguro por paquete, lo que puede proteger los envíos contra daños y robos.

f. Shopify Payments

Shopify Payments es la solución de procesamiento de pagos integrada de Shopify. Es fácil de configurar y permite a las empresas aceptar pagos en línea sin tener que configurar un procesador de pagos de terceros. Shopify Payments ofrece tarifas competitivas y está incluido en todos los planes de Shopify.

g. Soporte al Cliente

Shopify ofrece soporte al cliente las 24 horas del día, los 7 días de la semana, a través de chat en vivo, correo electrónico y teléfono. Los usuarios también tienen acceso a una extensa base de conocimientos en línea.

h.   Soporte en Redes Sociales

Shopify tiene una impresionante presencia en todas las plataformas de redes sociales. Con casi cuatro millones de likes en Facebook, más de 3000 publicaciones en Instagram y más de 325,000 seguidores en Twitter, Shopify es sin duda popular. En Facebook, una vez que navegas a la página de Shopify, puedes iniciar un chat en vivo haciendo clic en el botón "Mensaje". Aunque no es tan rápido ni eficiente como utilizar directamente la herramienta de chat en vivo en el sitio web de Shopify, puede ser útil si eres un usuario regular de Facebook. En Twitter, puedes tuitear a Shopify con tu consulta. Por supuesto, esto tiene la ventaja de hacer pública tu solicitud de soporte al cliente, lo que significa que Shopify debería preocuparse lo suficiente por su reputación como para responder si aún no lo ha hecho. En Instagram, puedes etiquetar a Shopify en publicaciones o historias y resumir tu problema o solicitud de soporte en el pie de foto de la imagen.

i.   Webinars y Eventos Comunitarios

Shopify ofrece webinars y eventos comunitarios para ayudar a los usuarios a aprender más sobre el uso de la plataforma. Los webinars son gratuitos y se realizan todos los días. Cubren una variedad de temas, desde la migración de Etsy a Shopify hasta la configuración de Google Shopping con Shopify. Los eventos comunitarios son reuniones en persona donde puedes aprender de Shopify y tus pares. Ya sea un seminario para ayudarte a empezar con Shopify en línea en Miami o algunos consejos festivos de comercio electrónico en Manila, hay algo para todos, en todas partes.

j.   Canal de YouTube de Shopify

El canal de YouTube de Shopify es otro recurso valioso para los usuarios. Está lleno de guías en video que cubren todo, desde registrarse para una prueba gratuita hasta seleccionar un proveedor de pagos. Los 333,000 suscriptores dan fe de su valor.

k.   Tienda de Aplicaciones de Shopify

La Tienda de Aplicaciones de Shopify es otra ventaja importante de la plataforma. Ofrece una multitud de aplicaciones que se pueden integrar en tu tienda para mejorar su funcionalidad. Ya sea que necesites una aplicación para gestionar tu inventario, automatizar tu marketing por correo electrónico o mejorar el SEO de tu tienda, es probable que la encuentres en la Tienda de Aplicaciones de Shopify.

l.   Seguridad

Shopify es una plataforma altamente segura. Cumple con el estándar PCI DSS nivel 1, lo que significa que cumple con los estándares más altos de seguridad de datos de tarjetas de crédito. Además, todas las tiendas de Shopify están equipadas automáticamente con un certificado SSL gratuito para asegurar la información de tus clientes.

m. Shopify POS

Shopify POS (Punto de Venta) es una aplicación que te permite vender productos en persona mientras mantienes todos tus datos de ventas e inventario sincronizados. Aquí tienes algunos de los beneficios de Shopify POS:

i.   Gestión de Pedidos y Productos

Shopify POS Lite, disponible de forma gratuita con el plan de nivel de entrada de Shopify, ofrece funciones de gestión de pedidos y productos. Esto significa que puedes hacer un seguimiento de los pedidos de los clientes y gestionar tu inventario directamente desde la aplicación.

ii.   Permisos y Roles del Personal

Con el plan de Shopify, que cuesta $79 al mes con facturación anual, obtienes características adicionales como permisos y roles del personal. Esto es especialmente útil para las empresas con varias personas que gestionan su sitio.

iii.   Venta Omnicanal

El plan de Shopify también ofrece venta omnicanal, lo que te permite vender tus productos a través de una variedad de canales de venta, manteniendo todos tus datos sincronizados.

iv.   Gestión de Inventarios y Análisis en la Tienda

Para aquellos que tienen un espacio de venta al por menor físico, el plan de Shopify ofrece funciones de gestión de inventarios y análisis en la tienda.

v.   Facilidad de Uso

Shopify POS es conocido por su interfaz amigable, lo que lo hace fácil de usar y navegar. Sin embargo, ofrece opciones de personalización limitadas más allá de lo básico.

vi.   Seguridad

La seguridad es una prioridad para Shopify POS, que ofrece cifrado SSL estándar de la industria para asegurar que los datos transmitidos entre dispositivos y servidores estén protegidos. Además, cuenta con herramientas integradas de prevención de fraudes para detectar y prevenir la actividad fraudulenta.

vii.   Cumplimiento de PCI

Shopify POS cumple con la norma de seguridad de datos de la industria de tarjetas de pago (PCI DSS) y se somete a auditorías regulares para garantizar un cumplimiento continuo.

viii.   Servicio al Cliente y Soporte

Shopify ofrece soporte al cliente a través de un chatbot que precalifica si puedes ser conectado directamente con un humano para responder a tus preguntas. También existen varias opciones de autoayuda, incluyendo una sección de preguntas frecuentes (FAQ), el centro de ayuda de Shopify y la comunidad de Shopify.

n.   Academia de Shopify

La Academia de Shopify es una plataforma de aprendizaje en línea gratuita que ofrece cursos sobre una variedad de temas relacionados con el comercio electrónico. Ya sea que seas un principiante que busca aprender lo básico del comercio electrónico o un vendedor experimentado que busca perfeccionar sus habilidades, la Academia de Shopify tiene algo para ti.

o.   Expertos de Shopify

Shopify Experts es un directorio de profesionales independientes y agencias que pueden ayudar a las empresas a desarrollar y mejorar su tienda Shopify. Ya sea que necesites ayuda con el diseño de tu tienda, desarrollo, marketing, SEO, fotografía o incluso redacción de contenido, puedes encontrar un experto de Shopify para ayudarte. Aquí tienes algunos de los beneficios de utilizar a los Expertos de Shopify:

i.   *Especialización Expertise*

Los Expertos de Shopify tienen un profundo conocimiento de la plataforma Shopify y se especializan en diferentes áreas. Ya sea que necesites ayuda con el diseño de tu tienda, desarrollo, marketing, SEO, fotografía o incluso redacción de contenido, puedes encontrar un experto de Shopify para ayudarte.

ii.   *Amplia Red*

Los Expertos de Shopify han construido redes enormes. Están conectados con personas, empresas y organizaciones de todo el mundo que ofrecen servicios especializados como marketing, diseño web, creación de contenido, análisis y más. Esto les brinda acceso a una variedad de servicios para ayudar a sus clientes a tener éxito.

iii.   *Profundo Conocimiento de Shopify*

Gracias a su extensa red, los Expertos de Shopify tienen un profundo entendimiento de los desafíos y oportunidades únicas de la plataforma Shopify. Pueden desarrollar soluciones personalizadas para sus clientes.

iv.   *Acceso a Recursos*

Los Expertos de Shopify tienen acceso a una multitud de recursos para ayudar a sus clientes a tener éxito. Esta es también la razón principal por la que muchos vendedores en línea están dispuestos a invertir dinero en la contratación de un Experto de Shopify adecuado para su tienda.

Para contratar a un Experto de Shopify, se recomienda definir tus requisitos comerciales, realizar una búsqueda rápida de Expertos de Shopify certificados, verificar sus portafolios y reseñas, discutir precios y requisitos de trabajo, realizar una entrevista y finalmente firmar un contrato con el experto.

En resumen, Shopify ofrece una multitud de ventajas que la convierten en una plataforma de comercio electrónico atractiva para empresas de todos los tamaños. Ya seas un recién llegado al comercio electrónico o un vendedor experimentado, Shopify tiene algo que ofrecer para ayudarte a tener éxito en tu negocio en línea.

4.   Cómo Empezar con Shopify para el Dropshipping

a.   Registro en Shopify

El primer paso para comenzar con Shopify es registrarse en su plataforma. Puede hacerlo visitando su sitio web y haciendo clic en el botón "Comenzar". Deberá proporcionar información básica como su dirección de correo electrónico, una contraseña y el nombre de su tienda. Es importante tener en cuenta que el nombre de su tienda debe ser único, por lo que si el nombre que ha elegido ya está en uso, deberá elegir otro.

b.   Configuración de su tienda

Una vez que haya creado su cuenta, se le dirigirá al panel de control de su tienda. Aquí, puede comenzar a configurar su tienda agregando productos, personalizando el diseño de su tienda, configurando sus opciones de pago y envío, y mucho más.

c.   Agregar productos

Agregar productos a su tienda Shopify es un proceso sencillo.

Puede hacerlo yendo a la sección "Productos" de su panel de control y haciendo clic en "Agregar un producto". Deberá proporcionar información sobre el producto, como su nombre, precio, descripción, y también puede agregar imágenes del producto.

d. Personalización del diseño de su tienda

Shopify ofrece una variedad de temas que puede utilizar para personalizar el diseño de su tienda. Puede acceder a estos temas yendo a la sección "Temas" de su panel de control. Puede elegir entre los temas gratuitos que ofrece Shopify o puede optar por comprar un tema premium.

e. Configuración de opciones de pago y envío

Para recibir pagos de sus clientes y organizar el envío de sus productos, deberá configurar las opciones de pago y envío. Puede hacerlo yendo a la sección "Configuración" de su panel de control y seleccionando "Pagos" y "Envío".

f. Lanzamiento de su tienda

Una vez que haya configurado su tienda y esté listo para comenzar a vender, puede lanzar su tienda yendo a la sección "Configuración" de su panel de control y seleccionando "Preferencias". Aquí, puede quitar la contraseña de su tienda, lo que permitirá a los clientes visitar y realizar compras en su tienda.

g. Gestión de su tienda

Después de lanzar su tienda, deberá gestionarla agregando nuevos productos, procesando pedidos de clientes, respondiendo a preguntas de clientes y mucho más. Shopify ofrece una variedad de herramientas para ayudarle a gestionar su tienda, incluido un panel de control para realizar un seguimiento de sus ventas y rendimiento, una sección para gestionar sus productos y pedidos, y una sección para comunicarse con sus clientes.

h. Uso de Shopify para el dropshipping

Shopify es una excelente plataforma para el dropshipping. Con Shopify, puede agregar fácilmente productos de proveedores de dropshipping a su tienda, y cuando se venden estos productos, el proveedor se encarga del envío. Así es cómo puede utilizar Shopify para el dropshipping:

i.   *Instalar la aplicación de dropshipping Oberlo*

Shopify ha desarrollado su propia aplicación de dropshipping, Oberlo, para garantizar una integración perfecta con la plataforma. Puede ir a la tienda de aplicaciones de Shopify e instalar Oberlo para conectar su tienda Shopify a miles de proveedores en AliExpress.

ii.   *Sincronizar Shopify y Oberlo con su cuenta de AliExpress*

Esto desbloquea funciones útiles como la actualización automática de la cantidad de pedidos directamente desde los proveedores.

iii.   *Explorar productos en Oberlo e importar datos de productos que le gusten directamente a su tienda Shopify*

Esto solo lleva unos clics, ya que el proceso está completamente automatizado. Puede ordenar productos por cantidad de pedidos para saber cuáles se venden mejor en los sitios de dropshipping.

iv.   *Editar descripciones de productos, imágenes y detalles de variantes antes de importarlos*

Este es un paso opcional pero recomendado para personalizar su catálogo de productos.

v.   Completar pedidos con Oberlo

Después de que un cliente haya comprado un producto en su tienda Shopify, puede usar Oberlo para completar el pedido. El proceso está completamente automatizado y solo lleva unos pocos clics.

vi.   Enviar el pedido al proveedor de dropshipping

Asegúrese de estar conectado a su cuenta de AliExpress y de haber instalado la extensión Chrome de Oberlo. Verifique que todos los detalles del pedido sean correctos, especialmente el método de envío, y envíe el pedido al proveedor de dropshipping.

vii.   Manejar devoluciones y reembolsos

A pesar de que no tiene nada que ver con el envío y la gestión de productos en su tienda, es responsable de abordar las quejas de los clientes sobre problemas que no controla, como pedidos incompletos, colores incorrectos o daños en el embalaje.

viii.   Evitar errores costosos

Si es nuevo en el dropshipping con Shopify, puede haber una curva de aprendizaje. Un error tonto como pagar por anuncios en Google cuando el producto estaba agotado o insertar el enlace incorrecto en los anuncios de Facebook puede costarle dinero.

ix.   Probar el mercado

El dropshipping le permite probar nuevos productos o mercados sin comprometer demasiados recursos. Por ejemplo, puede agregar nuevos productos a su tienda y ver cómo se venden antes de decidir invertir más recursos en esos productos.

x.   *Encontrar proveedores de dropshipping*
     que no sean AliExpress

Si desea comenzar a hacer dropshipping con proveedores que no sean AliExpress, puede utilizar directorios de proveedores de dropshipping. Estos directorios son enormes bases de datos de mayoristas, proveedores y fabricantes. Aquí hay algunas formas de encontrar estos proveedores:

• **Llamar al fabricante:** si sabe qué producto desea hacer dropshipping, llame al fabricante y solicite una lista de sus mayoristas de dropshipping. Luego, puede ponerse en contacto con estos mayoristas para ver si hacen dropshipping y preguntar sobre cómo configurar una cuenta.

• **Búsqueda en Google:** los mayoristas suelen ser malos en marketing y promoción, y definitivamente no estarán en la parte superior de los resultados de búsqueda para "mayoristas de productos X". Esto significa que probablemente tendrá que buscar a través de muchos resultados de búsqueda, posiblemente cientos, para encontrar el sitio web del mayorista.

• **Ordenar a la competencia:** si tiene dificultades para localizar proveedores de productos para el dropshipping, siempre puede utilizar el truco de "ordenar a la competencia". Así es cómo funciona: encuentre un competidor que crea que está haciendo dropshipping y realice un pequeño pedido con esa empresa. Cuando reciba el paquete, busque la dirección de devolución para averiguar quién fue el remitente original. En algunos casos, podría ser un proveedor con el que pueda ponerse en contacto.

• **Asistir a una feria comercial:** una feria comercial le permite conectarse con todos los principales fabricantes y mayoristas en un nicho. Es una excelente manera de establecer contactos y buscar productos y proveedores, todo en un solo lugar.

• **Probar el mercado:** el dropshipping le permite probar nuevos productos o mercados sin comprometer demasiados recursos. Por ejemplo, puede agregar nuevos productos a su tienda y ver cómo se venden antes de decidir invertir más recursos en esos productos.

• **Utilizar directorios de proveedores de dropshipping:** algunos de los mejores proveedores de dropshipping se encuentran en directorios de proveedores de dropshipping. Estos directorios son enormes bases de datos de mayoristas, proveedores y fabricantes. Algunos de los más populares incluyen AliExpress, Alibaba, SaleHoo, Worldwide Brands, Doba, Sunrise Wholesale, Wholesale2B, MegaGoods, Modalyst, Wholesale Central, Spocket, CJDropshipping y Crov.

En resumen, Shopify es una plataforma poderosa que ofrece una variedad de herramientas para ayudar en la creación y gestión de una tienda en línea. Ya sea que sea un empresario principiante o experimentado, Shopify tiene algo que ofrecer a todos.

5.   Shopify y el Dropshipping

El dropshipping es un modelo de negocio que permite a los emprendedores vender productos fabricados, almacenados y enviados por terceros proveedores desde su propia tienda en línea. Shopify es una plataforma de comercio electrónico que facilita en gran medida el dropshipping gracias a sus numerosas características e integraciones.

a.   Cómo funciona el dropshipping con Shopify

Con Shopify, el dropshipping se simplifica gracias a una variedad de aplicaciones que se conectan directamente con los proveedores. Estas aplicaciones automatizan el proceso de envío al fabricar, almacenar y enviar productos en su nombre. Entre las aplicaciones populares de dropshipping en Shopify se encuentran Spocket, DSers y Modalyst.

Spocket incluye productos de proveedores de dropshipping en los Estados Unidos, Canadá, Europa, Australia, Brasil y más. La aplicación también se sincroniza con AliExpress, lo que permite a los usuarios importar productos directamente en sus tiendas Shopify.

DSers permite a los comerciantes buscar, importar y editar datos de productos de proveedores en AliExpress. Una característica destacada es la capacidad de comparar los dropshippers de AliExpress que venden los mismos productos, lo que permite a los comerciantes encontrar el mejor precio para sus productos.

Modalyst, al igual que las otras opciones, también se sincroniza con AliExpress, lo que facilita la importación de productos directamente en la tienda Shopify. Modalyst también ofrece listas seleccionadas de marcas independientes, así como marcas de gama alta como Calvin Klein y Dolce & Gabbana.

CAPÍTULO 3: CÓMO CREAR UNA TIENDA EN LÍNEA EN SHOPIFY

Shopify es una plataforma de comercio electrónico que permite a cualquier persona crear una tienda en línea y vender productos. Ya sea que vendas en línea, en redes sociales, en una tienda física o desde el maletero de tu automóvil, Shopify tiene una solución para ti. Aquí te mostramos cómo puedes crear tu propia tienda en Shopify.

◆ ◆ ◆

1. Paso 1: Registrarse en Shopify

El primer paso para crear una tienda en Shopify es registrarse en la plataforma. Aunque este paso puede parecer sencillo, es fundamental para el éxito de tu negocio, ya que sienta las bases de tu tienda en línea y te permite comenzar a construir tu presencia en Internet.

a. Visita el sitio web de Shopify

Para empezar, debes visitar el sitio web de Shopify. Puedes hacerlo abriendo tu navegador web y escribiendo "www.shopify.com" en la barra de direcciones. Una vez que estés en el sitio web de Shopify, verás una página de inicio con varias opciones. Puedes obtener más información sobre las características de Shopify, leer testimonios de clientes satisfechos o incluso consultar su blog para obtener consejos sobre comercio electrónico. Sin embargo, por ahora, tu objetivo es crear una tienda, así que busca el botón "Comenzar" o "Prueba gratuita" y haz clic en él.

b. Creación de una cuenta

Después de hacer clic en el botón "Comenzar", serás dirigido a una página donde podrás crear una cuenta. Crear una cuenta es un proceso sencillo que no debería llevar más que unos minutos. Deberás proporcionar una dirección de correo electrónico válida, crear una contraseña y darle un nombre a tu tienda.

Cuando elijas una dirección de correo electrónico, asegúrate de utilizar una que consultes regularmente, ya que Shopify usará esta dirección para enviarte información importante sobre tu tienda, como notificaciones de ventas, actualizaciones de productos y consejos para mejorar tu tienda.

La elección de una contraseña también es crucial. Tu contraseña protege tu tienda contra accesos no autorizados, por lo que debe ser fuerte y segura. Intenta usar una combinación de letras, números y símbolos para hacer tu contraseña más difícil de adivinar.

Por último, deberás darle un nombre a tu tienda. El nombre de tu tienda es importante, ya que representa tu marca y da a los clientes una primera impresión de tu negocio. Trata de elegir un nombre que sea único, fácil de recordar y que dé una idea de lo que vendes.

c. Finalización del registro

Una vez que hayas completado esta información, puedes hacer clic en "Crear tu tienda". Shopify procesará tus datos y creará tu tienda. Este proceso puede llevar algunos minutos, así que ten paciencia.

Mientras esperas, puedes comenzar a pensar en el siguiente paso para crear tu tienda en Shopify: la configuración de tu tienda. Deberás elegir un tema para tu tienda, agregar productos y configurar tus opciones de pago y envío. Cada uno de estos pasos es fundamental para el éxito de tu tienda, así que tómate tu tiempo para considerar tus opciones y planificar en consecuencia.

En resumen, registrarse en Shopify es un paso sencillo pero importante en la creación de tu tienda en línea. Tomándote el tiempo para elegir una dirección de correo electrónico adecuada, una contraseña segura y un nombre de tienda único, puedes sentar las bases para una tienda en línea exitosa.

2.   Paso 2: Configuración de tu tienda

Después de crear tu cuenta Shopify y nombrar tu tienda, el siguiente paso es configurarla. Esta etapa es crucial para asegurar el buen funcionamiento de tu tienda y ofrecer a tus clientes una experiencia de compra agradable y sin problemas. La configuración de tu tienda incluye varias subetapas, como la personalización de la tienda, la adición de productos y la configuración de tus ajustes.

a. Acceso al panel de control de tu tienda

Una vez que hayas creado tu tienda, serás llevado al panel de control de tu tienda. El panel de control es el lugar donde gestionarás todos los aspectos de tu tienda, desde agregar productos hasta realizar un seguimiento de las ventas. Está diseñado de manera intuitiva, lo que facilita la navegación y la gestión de tu tienda.

En el panel de control, verás varias opciones en el menú de la izquierda, como "Inicio", "Pedidos", "Productos", "Clientes", "Análisis", "Marketing", "Descuentos" y "Aplicaciones". Cada opción te permite gestionar un aspecto diferente de tu tienda.

b. Personalización de tu tienda

La personalización de tu tienda es un paso importante para crear una sólida identidad de marca y atraer y retener a los clientes. Shopify ofrece una variedad de opciones de personalización que te permiten dar a tu tienda el aspecto y la sensación que deseas.

Para comenzar a personalizar tu tienda, haz clic en "Temas" en el menú de la izquierda de tu panel de control. Aquí puedes elegir un tema para tu tienda, personalizar ese tema y previsualizar tu tienda.

La elección de un tema es una decisión importante, ya que determina la apariencia de tu tienda. Shopify ofrece una variedad de temas gratuitos y de pago que puedes utilizar. Cada tema tiene un estilo y un diseño diferentes, así que tómate el tiempo para explorar los temas disponibles y elige el que mejor se adapte a tu marca y tus productos.

Una vez que hayas elegido un tema, puedes personalizarlo para que se adapte a tu marca. Puedes cambiar colores, fuentes, imágenes y más. Dedica tiempo a personalizar cada aspecto de tu tema para crear una tienda que refleje tu marca y atraiga a tus clientes.

c.   Adición de productos a tu tienda

Agregar productos a tu tienda es otro paso importante en la configuración de tu tienda. Sin productos, no tienes nada que vender, y sin nada que vender, no puedes hacer comercio electrónico.

Para agregar productos a tu tienda, haz clic en "Productos" en el menú de la izquierda de tu panel de control. Aquí puedes agregar productos, crear colecciones de productos y gestionar tu inventario.

Cuando agregues un producto, deberás proporcionar información sobre el producto, como el título, la descripción, el precio y las imágenes. Asegúrate de proporcionar información precisa y detallada para ayudar a tus clientes a comprender lo que están comprando.

d.   Configuración de tus ajustes

La configuración de tus ajustes es el último paso en la configuración de tu tienda. Tus ajustes incluyen cosas como tu información de facturación, tus ajustes de pago, tus ajustes de envío y más.

Para acceder a tus ajustes, haz clic en "Ajustes" en el menú de la izquierda de tu panel de control. Aquí verás varias opciones, incluyendo "General", "Pagos", "Envío", "Impuestos", "Notificaciones", "Facturación", "Archivos", "Canales de venta", "Plan y permisos", "Idiomas de la tienda", "Pago en el proceso de compra", "Legal", "Tarjetas de regalo", "Google Shopping", "Campos meta" y "Envío y entrega".

Cada opción te permite configurar un aspecto diferente de tu tienda. Por ejemplo, los ajustes "Generales" te permiten modificar la información básica de tu tienda, como tu dirección de correo electrónico, tu moneda y tu zona horaria. Los ajustes "Pagos" te permiten elegir cómo aceptar los pagos de tus clientes. Los ajustes "Envío" te permiten configurar tus opciones de envío y calcular los gastos de envío.

Es importante tomarte el tiempo necesario para revisar cada opción y configurar tus ajustes según tus necesidades y las de tus clientes. Una buena configuración de tus ajustes puede mejorar la experiencia de compra de tus clientes y facilitar la gestión de tu tienda.

e. Conclusión

La configuración de tu tienda en Shopify es un paso crucial en la creación de tu tienda en línea. Tomándote el tiempo para personalizar tu tienda, agregar productos y configurar tus ajustes, puedes crear una tienda que refleje tu marca, atraiga a tus clientes y facilite la gestión de tu negocio.

Sin embargo, la configuración de tu tienda es solo el comienzo. Una vez que tu tienda esté configurada, deberás trabajar en la promoción de tu tienda, en la participación de tus clientes y en la optimización de tu tienda para aumentar las ventas y la satisfacción de los clientes. Pero con una tienda bien configurada, ya habrás dado un gran paso hacia el éxito de tu negocio de comercio electrónico.

◆ ◆ ◆

3.   Paso 3: Agregar productos

A gregar productos a tu tienda Shopify es un paso esencial para dar vida a tu tienda en línea. En este momento, comenzarás a construir tu catálogo de productos, a definir tu oferta y a mostrar a tus clientes lo que tienes para ofrecer. En el contexto del dropshipping, este paso también implica seleccionar productos de proveedores externos y agregarlos a tu tienda. Shopify facilita este proceso mediante una variedad de aplicaciones que pueden ayudar a automatizar el proceso de dropshipping.

a. Acceder a la sección "Productos" de tu panel de control

Para comenzar a agregar productos a tu tienda Shopify, deberás acceder a la sección "Productos" de tu panel de control. Para hacerlo, inicia sesión en tu cuenta Shopify y luego haz clic en "Productos" en el menú de la izquierda de tu panel de control. Esto te llevará a una página donde podrás ver todos los productos que has agregado a tu tienda y donde podrás agregar nuevos productos.

b. Agregar un producto

Para agregar un producto, haz clic en el botón "Agregar un producto" en la página de productos. Esto te llevará a una nueva página donde podrás ingresar información sobre el producto que estás agregando.

Cuando agregues un producto, deberás proporcionar varias informaciones, incluyendo el título del producto, la descripción, las imágenes, el precio y más. Cada información que proporcionas ayuda a informar a tus clientes sobre el producto y a ayudarles a tomar una decisión de compra.

El título del producto es el nombre que verán tus clientes cuando naveguen por tu tienda. Debe ser claro y descriptivo, pero lo suficientemente conciso como para ser fácilmente legible.

La descripción del producto es donde puedes proporcionar más detalles sobre el producto. Puedes incluir información sobre las características del producto, su uso, sus ventajas y cualquier otro detalle que pueda ser útil para tus clientes. Asegúrate de ser lo más detallado posible en tus descripciones de productos para ayudar a tus clientes a comprender lo que están comprando.

Las imágenes del producto también son esenciales. Permiten a tus clientes ver cómo es el producto y tener una idea de lo que pueden esperar si lo compran. Trata de incluir varias imágenes que muestren el producto desde diferentes ángulos y en diferentes contextos de uso.

El precio del producto es, por supuesto, uno de los factores más importantes que influyen en la decisión de compra de tus clientes. Asegúrate de establecer un precio que refleje el valor del producto, teniendo en cuenta tus costos y tu estrategia de precios.

c. Dropshipping y aplicaciones de Shopify

En el contexto del dropshipping, agregar productos a tu tienda puede implicar algunos pasos adicionales. En lugar de almacenar los productos tú mismo, trabajarás con un proveedor externo que almacenará y enviará los productos en tu nombre. Esto significa que deberás seleccionar los productos para vender en el catálogo de tu proveedor.

Shopify facilita el dropshipping mediante una variedad de aplicaciones que pueden ayudar a automatizar el proceso. Aplicaciones como Oberlo, Spocket y Modalyst pueden ayudarte a encontrar proveedores de dropshipping, importar productos a tu tienda Shopify y automatizar el proceso de envío.

Oberlo, por ejemplo, es una aplicación popular que te permite encontrar productos para vender de varios proveedores de dropshipping. Puedes explorar su catálogo de productos, seleccionar los productos que deseas vender y importarlos directamente a tu tienda Shopify. Cuando un cliente compra un producto, el pedido se envía automáticamente al proveedor que se encarga del envío.

Spocket y Modalyst funcionan de manera similar, pero ofrecen catálogos de productos diferentes y pueden tener características adicionales. Por ejemplo, Spocket se centra en proveedores de EE. UU. y Europa, mientras que Modalyst ofrece una gama de productos de marcas independientes.

El uso de estas aplicaciones puede simplificar en gran medida el proceso de dropshipping y permitirte gestionar tu tienda de manera más eficiente. Sin embargo, es importante investigar y seleccionar los productos y proveedores que mejor se adapten a tu marca y a tus clientes.

d.   Gestión de inventario

Como parte de la configuración de tus productos, también deberás gestionar tu inventario. Shopify facilita la gestión del inventario al permitirte hacer un seguimiento de la cantidad de cada producto que tienes en stock. Si haces dropshipping, el inventario será gestionado por tu proveedor, pero aún así deberás hacer un seguimiento de los niveles de inventario para asegurarte de que no estás vendiendo productos que están agotados.

Para gestionar tu inventario, ve a la página de "Productos" en tu panel de control de Shopify y haz clic en el producto que deseas gestionar. Aquí puedes establecer la cantidad de productos disponibles, activar el seguimiento de inventario y configurar notificaciones para ser informado cuando el nivel de inventario sea bajo.

e. Conclusión

Agregar productos a tu tienda Shopify es un paso esencial para dar vida a tu tienda en línea. Ya sea que vendas tus propios productos o hagas dropshipping, es importante elegir productos de calidad, proporcionar información detallada y precisa sobre los productos y gestionar el inventario de manera eficiente. Con las herramientas y características de Shopify, puedes agregar fácilmente productos a tu tienda y comenzar a vender.

◆ ◆ ◆

4.   Paso 4: Configuración de los ajustes de pago y envío

Una vez que hayas agregado productos a tu tienda Shopify, el siguiente paso es configurar tus ajustes de pago y envío. Estos ajustes son esenciales para garantizar una experiencia de compra fluida para tus clientes y para asegurarte de que recibas los pagos de manera eficiente y segura.

a. Configuración de los ajustes de pago

La primera parte de este paso consiste en configurar tus ajustes de pago. Shopify ofrece una variedad de opciones de pago que puedes ofrecer a tus clientes, incluyendo tarjetas de crédito, PayPal, Apple Pay y más.

Para configurar tus ajustes de pago, ve al panel de control de tu tienda Shopify y haz clic en "Ajustes", luego en "Pagos". Aquí verás una lista de los diferentes proveedores de pago que puedes utilizar.

Shopify Payments es el proveedor de pago predeterminado de Shopify y es una opción popular para muchos propietarios de tiendas. Ofrece una integración perfecta con tu tienda Shopify, acepta una variedad de métodos de pago y ofrece tarifas competitivas. Para activar Shopify Payments, haz clic en "Activar" junto a Shopify Payments y sigue las instrucciones para configurar tu cuenta.

Si prefieres utilizar otro proveedor de pago, o si deseas ofrecer varias opciones de pago a tus clientes, también puedes activar otros proveedores de pago. Simplemente haz clic en "Elegir un proveedor de pago alternativo" y selecciona el proveedor de pago que deseas utilizar.

Es importante tener en cuenta que diferentes proveedores de pago pueden tener tarifas diferentes, opciones de pago diferentes y requisitos diferentes para el uso de sus servicios. Asegúrate de investigar y elegir el proveedor de pago que mejor se adapte a tus necesidades y a las de tus clientes.

b.   Configuración de los ajustes de envío

La segunda parte de este paso consiste en configurar tus ajustes de envío. Estos ajustes determinan cómo y dónde envías tus productos, cuánto cobras por el envío y qué opciones de envío ofreces a tus clientes.

Para configurar tus ajustes de envío, ve al panel de control de tu tienda Shopify y haz clic en "Ajustes", luego en "Envío". Aquí verás varias opciones para configurar tus ajustes de envío.

Lo primero que deberás hacer es configurar tus zonas de envío. Las zonas de envío son las regiones geográficas donde estás dispuesto a enviar tus productos. Para cada zona de envío, puedes establecer tarifas de envío específicas y métodos de envío.

Para agregar una zona de envío, haz clic en "Agregar una zona de envío", pon un nombre a tu zona y luego selecciona los países o regiones que forman parte de esa zona. Una vez que hayas agregado los países o regiones, podrás configurar las tarifas de envío para esa zona.

Las tarifas de envío son los cargos que le cobras a tus clientes por el envío de sus productos. Puedes configurar tarifas de envío fijas, tarifas basadas en el peso o tarifas basadas en el precio. También puedes ofrecer envío gratuito, lo cual puede ser un incentivo poderoso para los clientes.

Además de configurar tus tarifas de envío, también puedes elegir los métodos de envío que ofreces. Por ejemplo, puedes ofrecer envío estándar, envío express o envío en el mismo día. Cada método de envío puede tener tarifas de envío diferentes, así que asegúrate de configurar tarifas para cada método que ofrezcas.

Si haces dropshipping, también deberás tener en cuenta los ajustes de envío de tus proveedores. Asegúrate de comprender cómo funcionan los envíos de tus proveedores y configura tus tarifas de envío en consecuencia.

Una vez que hayas configurado tus ajustes de envío, tu tienda estará lista para procesar pedidos y enviar productos a tus clientes de manera eficiente.

c. Conclusión

La configuración de los ajustes de pago y envío es un paso esencial en la creación de tu tienda en línea Shopify. Configurar tus opciones de pago y envío correctamente garantiza una experiencia de compra positiva para tus clientes y facilita la gestión de tu tienda. Asegúrate de elegir proveedores de pago que sean seguros y confiables, y de configurar tarifas de envío justas y transparentes.

5. Paso 5: Elección y personalización de un tema para tu tienda

L a apariencia de tu tienda en línea desempeña un papel crucial en la experiencia de compra de tus clientes. Un diseño atractivo y profesional puede ayudar a atraer a los clientes, fortalecer la credibilidad de tu marca y aumentar las conversiones. Shopify ofrece una variedad de temas que puedes utilizar para tu tienda, cada uno de ellos ofrece una paleta única de estilos, características y personalización.

a. Selección de un tema de Shopify

Para elegir un tema para tu tienda de Shopify, comienza navegando a la sección "Temas" en tu panel de control de Shopify. Puedes acceder a ella haciendo clic en "Temas" en el menú izquierdo de tu panel de control.

Una vez que estés en la sección de "Temas", verás una variedad de temas gratuitos y de pago que puedes elegir. Los temas gratuitos son una excelente opción si estás comenzando o tienes un presupuesto limitado. Ofrecen un diseño limpio y profesional que puede ser suficiente para muchas tiendas.

Los temas de pago, por otro lado, suelen ofrecer más características y opciones de personalización. Pueden incluir características adicionales como diapositivas, secciones destacadas de productos, integraciones de redes sociales y más. Si tienes un presupuesto más grande y deseas un diseño más único para tu tienda, un tema de pago puede ser una buena inversión.

Cuando elijas un tema, piensa en la apariencia y la sensación que deseas para tu tienda. Considera tu marca, tus productos y tu público objetivo. Por ejemplo, si vendes productos de lujo, es posible que desees un tema que refleje esta imagen de alta gama. Si vendes productos divertidos y coloridos, un tema más juguetón y vibrante podría ser más apropiado.

b. Personalización de tu tema

Una vez que hayas elegido un tema, puedes personalizarlo para que se adapte a tu marca y a tus productos. Para hacerlo, haz clic en "Personalizar" junto al tema que hayas elegido. Esto te llevará al editor de temas de Shopify, donde puedes modificar colores, fuentes, imágenes, diseños y más.

El editor de temas de Shopify está diseñado para ser fácil de usar, incluso si no tienes experiencia en diseño o codificación. Utiliza un sistema de arrastrar y soltar que te permite agregar, eliminar y reorganizar las secciones de tu tienda fácilmente. También puedes hacer clic en cualquier sección para modificar sus ajustes, como cambiar una imagen de fondo o editar el texto.

Cuando personalices tu tema, ten en cuenta la experiencia del usuario. Asegúrate de que tu tienda sea fácil de navegar, que tus productos se destaquen y que tu marca esté claramente representada. Utiliza imágenes de alta calidad, descripciones de productos claras y detalladas, y una paleta de colores que se ajuste a tu marca.

c. Conclusión

La elección y personalización de un tema para tu tienda de Shopify es un paso importante para crear una tienda en línea atractiva y efectiva. Al elegir un tema que se adapte a tu marca y tus productos, y personalizarlo para satisfacer las necesidades de tus clientes, puedes crear una tienda que atraiga a los clientes, fortalezca la credibilidad de tu marca y aumente las conversiones.

◆ ◆ ◆

6. Paso 6: Optimización de tu tienda para el SEO

La optimización para motores de búsqueda (SEO) es un elemento crucial para aumentar la visibilidad de tu tienda de Shopify. Al optimizar tu tienda para el SEO, aumentas las posibilidades de que tu tienda aparezca en los resultados de búsqueda de motores como Google, lo que puede conducir a un aumento en el tráfico a tu tienda y, en última instancia, a más ventas. Aquí tienes algunos pasos clave para optimizar tu tienda de Shopify para el SEO.

a. Comprender el SEO

Antes de comenzar a optimizar tu tienda, es importante comprender qué es el SEO y por qué es importante. El SEO, o optimización para motores de búsqueda, es el proceso de mejorar tu sitio web para aumentar su visibilidad en los resultados de búsqueda orgánicos de los motores de búsqueda. Cuanto más visible sea tu sitio en los resultados de búsqueda, más probabilidades tendrás de atraer visitantes a tu sitio. El SEO es importante porque puede ayudar a aumentar el tráfico a tu sitio, lo que puede conducir a un aumento en las ventas.

b. Optimización de títulos de productos, descripciones y etiquetas alt de imágenes

Uno de los primeros pasos en la optimización de tu tienda para el SEO es asegurarte de que tus títulos de productos, descripciones y etiquetas alt de imágenes contengan palabras clave relevantes que tus clientes podrían usar para encontrar tus productos. Estos elementos son importantes porque ayudan a los motores de búsqueda a comprender de qué trata tu sitio y cuándo debe aparecer en los resultados de búsqueda.

Para optimizar tus títulos de productos, intenta incluir palabras clave relevantes que describan tu producto y que probablemente sean utilizadas por tus clientes al buscar productos similares. Por ejemplo, si vendes zapatillas para correr, podrías incluir palabras clave como "zapatillas para correr", "zapatillas deportivas" o "zapatillas para correr para mujeres" en tus títulos de productos.

De manera similar, tus descripciones de productos deben ser detalladas y contener palabras clave relevantes. Sin embargo, es importante asegurarse de que tus descripciones de productos estén escritas para humanos y no para motores de búsqueda. Esto significa que deben ser informativas, interesantes y útiles para tus clientes, al mismo tiempo que contienen palabras clave relevantes.

Por último, no olvides optimizar tus etiquetas alt de imágenes. Las etiquetas alt de imágenes son descripciones textuales de tus imágenes que ayudan a los motores de búsqueda a comprender lo que representan tus imágenes. También son útiles para los usuarios que no pueden ver tus imágenes por alguna razón, como aquellos que utilizan lectores de pantalla. Para optimizar tus etiquetas alt de imágenes, intenta incluir palabras clave relevantes que describan la imagen y el producto que representa.

c.   Optimización de la estructura de tu sitio

La estructura de tu sitio, o la forma en que se organizan y enlazan tus páginas, es otro elemento importante de la optimización para motores de búsqueda. Una buena estructura de sitio puede ayudar a los motores de búsqueda a comprender tu sitio y determinar cuáles son los contenidos más importantes. También puede ayudar a tus visitantes a navegar por tu sitio y encontrar lo que buscan, lo que puede conducir a una mejor experiencia del usuario y a un aumento en las ventas.

Para optimizar la estructura de tu sitio, intenta mantener tu sitio lo más simple y organizado posible. Esto significa que debes tener una jerarquía clara de páginas, con páginas principales que enlazan a subpáginas relevantes. Por ejemplo, podrías tener una página principal para "Zapatos" que enlaza a subpáginas para "Zapatos para correr", "Zapatos para caminar" y "Zapatos de senderismo".

También es importante utilizar enlaces internos para enlazar tus páginas entre sí. Los enlaces internos son enlaces que van de una página de tu sitio a otra página de tu sitio. Ayudan a los motores de búsqueda a comprender la relación entre tus páginas y pueden ayudar a mejorar el ranking de tu sitio en los resultados de búsqueda.

d.   Optimización de la velocidad de tu sitio

La velocidad de tu sitio es otro factor importante para el SEO. Los motores de búsqueda, como Google, tienen en cuenta la velocidad de tu sitio al determinar dónde colocar tu sitio en los resultados de búsqueda. Además, un sitio lento puede frustrar a tus visitantes y hacer que abandonen tu sitio, lo que puede llevar a una disminución en las ventas.

Para optimizar la velocidad de tu sitio, puedes utilizar

herramientas como Google PageSpeed Insights o GTmetrix para analizar la velocidad de tu sitio y obtener recomendaciones sobre cómo mejorarla. Esto puede incluir cosas como la compresión de tus imágenes, la reducción del número de complementos o aplicaciones que utilizas y la optimización de tu código.

e. Uso de análisis de SEO

Por último, es importante utilizar análisis de SEO para realizar un seguimiento del rendimiento de tu sitio y identificar áreas que pueden requerir mejoras. Shopify ofrece una variedad de herramientas de análisis de SEO que puedes utilizar para realizar un seguimiento del rendimiento de tu sitio, incluyendo Google Analytics, Google Search Console y su propia herramienta de análisis de SEO integrada.

Estas herramientas pueden ayudarte a comprender cómo los visitantes interactúan con tu sitio, qué palabras clave utilizan para encontrar tu sitio y cuáles son las páginas de tu sitio que son más populares. Puedes utilizar esta información para mejorar tu sitio y tu estrategia de SEO.

En resumen, la optimización de tu tienda de Shopify para el SEO es un proceso importante que puede ayudar a aumentar la visibilidad de tu tienda, atraer más visitantes y aumentar las ventas. Al comprender el SEO, optimizar tus títulos de productos, descripciones y etiquetas alt de imágenes, optimizar la estructura de tu sitio, mejorar la velocidad de tu sitio y utilizar análisis de SEO, puedes crear una tienda de Shopify que esté optimizada para el SEO y lista para tener éxito.

◆ ◆ ◆

7.   Paso 7: Configuración de

Google Analytics y Facebook Pixel

L a configuración de Google Analytics y Facebook Pixel es un paso crucial para realizar un seguimiento del rendimiento de tu tienda y comprender el comportamiento de tus clientes. Estas herramientas te permiten recopilar datos valiosos sobre las interacciones de los usuarios con tu sitio, lo que puede ayudarte a optimizar tu tienda y mejorar tus esfuerzos de marketing.

a. Parte 1: Configuración de Google Analytics

Google Analytics es un servicio gratuito que te permite realizar un seguimiento del tráfico de tu sitio web y comprender cómo los visitantes interactúan con tu tienda. Te proporciona una gran cantidad de datos, incluyendo el número de visitantes en tu sitio, el tiempo que pasan en tu sitio, las páginas que visitan y más.

Para configurar Google Analytics en Shopify, primero debes crear una cuenta de Google Analytics. Una vez que hayas creado tu cuenta, recibirás un ID de seguimiento de Google Analytics que deberás agregar a tu tienda de Shopify. Aquí tienes los pasos para configurar Google Analytics en Shopify:

i.   *Crea una cuenta de Google Analytics si aún no tienes una. Puedes hacerlo visitando el sitio web de Google Analytics y siguiendo las instrucciones para crear una nueva cuenta.*

ii.   *Una vez que hayas creado tu cuenta, recibirás un ID de seguimiento de Google Analytics. Este ID es único para tu cuenta y es necesario para conectar tu tienda de Shopify con Google Analytics.*

iii.   *Inicia sesión en tu cuenta de Shopify y ve al panel de control de tu tienda.*

iv.   *Haz clic en "Configuración" en el menú izquierdo, luego en "Preferencias".*

v.   *Desplázate hacia abajo hasta la sección "Google Analytics" y pega tu ID de seguimiento de Google Analytics en el campo correspondiente.*

vi.   *Haz clic en "Guardar" para guardar tus cambios.*

Una vez que hayas agregado tu ID de seguimiento de Google Analytics a tu tienda de Shopify, Google Analytics comenzará a realizar un seguimiento del tráfico de tu sitio. Puedes ver tus datos de Google Analytics iniciando sesión en tu cuenta de Google Analytics y navegando hasta tu panel de control de Google Analytics.

b. Parte 2: Configuración de Facebook Pixel

Facebook Pixel es una herramienta de seguimiento que te permite medir la eficacia de tus anuncios de Facebook al rastrear las acciones que los usuarios realizan en tu sitio. Con Facebook Pixel, puedes realizar un seguimiento de conversiones, crear audiencias personalizadas para tus anuncios y obtener información valiosa sobre cómo los usuarios interactúan con tu sitio después de ver tus anuncios de Facebook.

Para configurar Facebook Pixel en Shopify, primero debes crear un píxel de Facebook. Una vez que hayas creado tu píxel, recibirás un ID de píxel que deberás agregar a tu tienda de Shopify. Aquí tienes los pasos para configurar Facebook Pixel en Shopify:

i.   *Crea un píxel de Facebook si aún no tienes uno. Puedes hacerlo visitando el Administrador de anuncios de Facebook y siguiendo las instrucciones para crear un nuevo píxel.*

ii.   *Una vez que hayas creado tu píxel, recibirás un ID de píxel. Este ID es único para tu píxel y es necesario para conectar tu tienda de Shopify con Facebook Pixel.*

iii.   *Inicia sesión en tu cuenta de Shopify y ve*

al panel de control de tu tienda.
iv.   *Haz clic en "Configuración" en el menú izquierdo, luego en "Preferencias".*
v.   *Desplázate hacia abajo hasta la sección "Facebook Pixel" y pega tu ID de píxel en el campo correspondiente.*
vi.   *Haz clic en "Guardar" para guardar tus cambios.*

Una vez que hayas agregado tu ID de píxel a tu tienda de Shopify, Facebook Pixel comenzará a realizar un seguimiento de las acciones de los usuarios en tu sitio. Puedes ver tus datos de Facebook Pixel iniciando sesión en tu cuenta de Facebook y navegando hasta tu panel de control de Facebook Pixel.

Es importante destacar que Facebook Pixel y Google Analytics funcionan de manera complementaria. Mientras que Google Analytics proporciona información detallada sobre el comportamiento de los usuarios en tu sitio, Facebook Pixel te permite entender cómo los usuarios interactúan con tus anuncios de Facebook. Al utilizar estas dos herramientas en conjunto, puedes obtener una vista completa de la eficacia de tu tienda y tus esfuerzos de marketing.

c.   **Parte 3: Uso de Google Analytics y Facebook Pixel para mejorar tu tienda**

Una vez que hayas configurado Google Analytics y Facebook Pixel, puedes comenzar a utilizar los datos que proporcionan para mejorar tu tienda. Aquí tienes algunas formas en que puedes utilizar estas herramientas:

i.   *Comprender a tus clientes:*

Google Analytics y Facebook Pixel te proporcionan información valiosa sobre tus clientes, incluyendo su ubicación, edad, género, dispositivos que utilizan para acceder a tu sitio y más. Puedes utilizar esta información para comprender quiénes son tus clientes y qué están buscando.

ii.   Realizar un seguimiento del rendimiento de tu tienda:
Estas herramientas te permiten realizar un seguimiento de una variedad de métricas, incluyendo el número de visitantes en tu sitio, el tiempo que pasan en tu sitio, las páginas que visitan, el número de conversiones que obtienes y más. Puedes utilizar esta información para comprender cómo funciona tu tienda y dónde puedes hacer mejoras.

iii.   Optimizar tus esfuerzos de marketing:
Google Analytics y Facebook Pixel te permiten realizar un seguimiento de la eficacia de tus esfuerzos de marketing. Puedes ver qué anuncios generan más tráfico y conversiones, qué canales de marketing son más efectivos y más. Puedes utilizar esta información para optimizar tus esfuerzos de marketing y obtener un mejor retorno de la inversión.

iv.   Mejorar la experiencia del usuario:
Al comprender cómo los usuarios interactúan con tu sitio, puedes realizar mejoras para hacer que su experiencia sea más agradable. Por ejemplo, si notas que los usuarios abandonan tu sitio antes de completar una compra, puedes investigar por qué y realizar cambios para facilitar el proceso de compra.

En conclusión, la configuración de Google Analytics y Facebook Pixel en tu tienda de Shopify es un paso crucial para comprender a tus clientes, realizar un seguimiento del rendimiento de tu tienda, optimizar tus esfuerzos de marketing y mejorar la experiencia del usuario. Al utilizar estas herramientas, puedes obtener información valiosa que puede ayudarte a hacer crecer tu tienda y alcanzar tus objetivos comerciales.

d. Parte 4: Recursos adicionales

Para obtener más información sobre cómo configurar Google Analytics y Facebook Pixel en Shopify, puedes consultar las siguientes guías:

i.   *Guía de Shopify sobre cómo configurar Google Analytics*

https://help.shopify.com/en/manual/reports-and-analytics/
google-analytics/google-analytics-setup

ii.   *Guía de Shopify sobre cómo configurar Facebook Pixel*

https://help.shopify.com/en/manual/promoting-marketing/
analyze-marketing/meta-pixel

iii.   *Guía de Google sobre cómo utilizar Google Analytics*

https://support.google.com/analytics/answer/12183125?hl=es

iv.   *Guía de Facebook sobre cómo configurar Facebook Pixel*

https://www.facebook.com/business/
help/952192354843755?id=1205376682832142

Estas guías proporcionan instrucciones detalladas sobre cómo configurar estas herramientas, así como información sobre cómo utilizarlas para mejorar tu tienda.

e. Parte 5: Conclusión

La configuración de Google Analytics y Facebook Pixel puede parecer abrumadora al principio, pero una vez que comprendas cómo funcionan estas herramientas y cómo utilizarlas, pueden ser aliados valiosos para ayudarte a hacer crecer tu tienda de Shopify. Utilizando estas herramientas para comprender a tus clientes, realizar un seguimiento del rendimiento de tu tienda, optimizar tus esfuerzos de marketing y mejorar la experiencia del usuario, puedes crear una tienda de Shopify que no solo sea atractiva para tus clientes, sino también efectiva para alcanzar tus objetivos comerciales.

◆ ◆ ◆

8. Paso 8: Lanzamiento de tu tienda Shopify

a. Parte 1: Preparación para el lanzamiento

Antes de lanzar tu tienda, es crucial realizar algunas órdenes de prueba para verificar el correcto funcionamiento del proceso de pago. Esto te permite asegurarte de que la configuración de tu tienda, incluyendo el proceso de pago, el procesamiento de órdenes, el inventario, el envío y los impuestos, funcionen correctamente. Para hacer una orden de prueba, puedes utilizar el modo de prueba de Shopify Payments o utilizar un proveedor de pago real y cancelar y reembolsar inmediatamente la orden.

b. Parte 2: Simulación de transacciones exitosas y fallidas

Es importante simular tanto transacciones exitosas como fallidas para ver los mensajes de error que podrían mostrarse a un cliente durante el pago. Para simular una transacción exitosa, puedes agregar un producto a tu carrito y seguir el proceso de pago como si fueras un cliente. Para simular una transacción fallida, puedes utilizar números de tarjeta de crédito específicos para generar mensajes de error.

c. Parte 3: Eliminación de la contraseña

de tu tienda en línea

Cuando estés listo para lanzar tu tienda, puedes eliminar la contraseña de tu tienda en línea. Durante tu prueba gratuita, tu tienda en línea está automáticamente protegida por una contraseña. Puedes eliminar la contraseña de tu tienda en línea desde la página de temas o la página de preferencias en la sección de tienda en línea en tu administración de Shopify.

d. Parte 4: Tu lista de verificación para el lanzamiento de tu tienda Shopify

Antes de lanzar tu tienda, es útil tener una lista de verificación para asegurarte de que hayas preparado adecuadamente tu tienda para el lanzamiento. Esta lista de verificación puede incluir elementos como agregar tus canales de venta seleccionados, agregar un dominio personalizado, revisar tu experiencia de pago y opciones, configurar tus páginas estándar, revisar la configuración de notificaciones por correo electrónico, realizar una auditoría de contenido, instalar una herramienta de análisis y optimizar para los motores de búsqueda (SEO).

e. Parte 5: Optimización de todas las imágenes en tu sitio web

Es importante optimizar todas las imágenes en tu sitio web para garantizar tiempos de carga rápidos. Las imágenes que cargan lentamente pueden afectar negativamente la experiencia del usuario en tu sitio y su rendimiento en los motores de búsqueda. Shopify ofrece herramientas para ayudarte a optimizar tus imágenes para la web.

f. Parte 6: Conclusión

El lanzamiento de tu tienda Shopify es un paso emocionante y significativo. Al tomar el tiempo para preparar adecuadamente tu tienda para el lanzamiento, puedes asegurarte de que esté lista para recibir a los clientes y vender productos.

◆ ◆ ◆

9.   Conclusión: Lanzamiento exitoso de tu tienda Shopify

Crear una tienda Shopify puede parecer una tarea desafiante, pero con las instrucciones adecuadas y un poco de paciencia, puedes crear una tienda en línea exitosa. Siguiendo estos pasos, estarás bien posicionado para lanzar tu propia tienda Shopify y comenzar a vender productos en línea. Sin embargo, para asegurar el éxito de tu tienda, es importante considerar algunos elementos adicionales.

a.   Agrega tus canales de venta seleccionados

Según los datos de Statista, se espera que el número de compradores digitales en los Estados Unidos alcance los 291.2 millones para el 2025. Los consumidores ahora esperan una experiencia omnicanal de las marcas. Puedes agregar los canales de venta disponibles a tu tienda, como eBay, Amazon, Instagram, Facebook, Google Shopping, TikTok, botones de compra y enlaces de pago, Pinterest.

b.   Agrega un dominio personalizado

Agregar un dominio personalizado a tu sitio te brinda reconocimiento de marca y facilita la memorización de tu URL. Puedes realizar una búsqueda de nombres de dominio para ver si el nombre de tu empresa está disponible.

c. Revisa tu experiencia de pago y opciones

Antes de dirigir tráfico a tu tienda, asegúrate de que las personas realmente puedan realizar una compra. Según el Instituto Baymard, la tasa promedio de abandono del carrito de compras en línea documentada es de casi el 70%. Es inteligente corregir cualquier error y eliminar cualquier fricción durante el pago.

d. Prepara tus páginas estándar

Tener algunas páginas que los visitantes puedan explorar para obtener más información sobre tu empresa es importante. Según la investigación de Shopify, los compradores que visitan una nueva tienda buscan determinar si la tienda es una empresa respetable y si trata a sus clientes de manera justa.

e. Revisa la configuración de notificaciones por correo electrónico

Asegúrate de que tus clientes reciban confirmaciones de pedidos y actualizaciones de estado por correo electrónico. Puedes personalizar estos correos electrónicos para que coincidan con tu marca.

f. Realiza una auditoría de contenido

Revisa todas las páginas de tu sitio para asegurarte de que no haya errores de ortografía ni gramática, que todos los enlaces funcionen y que todas las imágenes se muestren correctamente.

g. Instala una herramienta de análisis

Google Analytics es una excelente herramienta para realizar un seguimiento del rendimiento de tu tienda. Puedes ver cuántas personas visitan tu sitio, cuánto tiempo pasan en él, qué páginas visitan y más.

h. Enfócate en la optimización para los motores de búsqueda (SEO)

El SEO es crucial para aumentar la visibilidad de tu tienda en línea. Asegúrate de que tu sitio esté optimizado para los motores de búsqueda utilizando palabras clave relevantes, creando contenido de calidad y obteniendo enlaces de retroceso de calidad.

i. Optimiza todas las imágenes

Las imágenes son esenciales para la experiencia del usuario, especialmente en el comercio electrónico. Es difícil vender un producto a menos que un cliente pueda verlo. Sin embargo, hacer que las imágenes sean más pequeñas no siempre mejora el rendimiento. De hecho, la forma en que implementas la carga de imágenes puede tener un impacto significativo en la velocidad de carga de la página y el cambio de diseño. Aquí tienes algunos consejos para optimizar las imágenes de tu tienda Shopify:

i.   *Nunca cargues tu imagen LCP (Pintura del Contenido más Grande) de forma perezosa:*

LCP es una métrica centrada en el usuario que refleja la velocidad de carga de la página o la percepción de la velocidad de carga. Es el tiempo que lleva que el elemento más grande en la vista se renderice. Si cargas perezosamente tu imagen LCP, debes esperar a que la página se renderice y que el navegador ejecute el IntersectionObserver antes de darte cuenta de que la imagen es visible y, finalmente, solicite el archivo de imagen. Esto puede resultar en un retraso significativo.

ii.   *Utiliza la carga perezosa nativa en lugar de bibliotecas de terceros:*

Actualmente, la carga perezosa nativa mediante el atributo de carga de la etiqueta <img> es compatible en los navegadores para el 92% de los usuarios globales. Por lo tanto, recomendamos utilizar la carga perezosa nativa para que el 92% de los usuarios puedan beneficiarse de la experiencia óptima.

iii.   Evita el renderizado del lado del cliente:

Los frameworks de JavaScript en el frontend como Vue y React se han vuelto populares en los últimos años, y hemos visto esto reflejado en los temas. Sin embargo, estos frameworks pueden tener un impacto negativo significativo en el rendimiento. Normalmente, envían una cantidad mínima de HTML al navegador, lo que desencadenará mucho JavaScript, y luego ese JavaScript renderizará la página dentro del navegador. Este patrón de renderizado del lado del cliente retrasa significativamente la representación inicial.

En resumen, la creación de una tienda Shopify exitosa requiere una planificación y ejecución cuidadosas. Siguiendo estos consejos, puedes optimizar tu tienda para ofrecer una experiencia de usuario excepcional, mejorar tu clasificación en los motores de búsqueda y, en última instancia, aumentar tus ventas. ¡Buena suerte en tu aventura con Shopify!

CAPÍTULO 4: CÓMO ELEGIR UN NICHO PARA TU TIENDA SHOPIFY

La elección de un nicho para tu tienda Shopify es un paso crucial para el éxito de tu negocio de dropshipping. Un nicho bien elegido puede ayudarte a dirigir tu marketing, atraer al público adecuado y desarrollar tu marca. De hecho, un nicho es como un faro que guía tu empresa a través del vasto océano del comercio electrónico. Te permite concentrar tus esfuerzos de marketing y ventas en un segmento específico del mercado, lo que puede aumentar la eficacia de tus campañas y mejorar tu retorno de inversión.

En este capítulo, exploraremos cómo elegir un nicho para tu tienda Shopify. Descompondremos el proceso en varias etapas, comenzando con una comprensión básica de qué es un nicho y por qué es importante. Luego, examinaremos cómo identificar un nicho rentable, los factores a tener en cuenta al elegir un nicho y las herramientas que pueden ayudarte en tu búsqueda. Finalmente, discutiremos la importancia de validar tu idea de nicho antes de lanzarte por completo.

Este capítulo está diseñado para ser una guía práctica, llena de consejos y estrategias que puedes aplicar de inmediato a tu propio negocio. Ya seas un emprendedor novato o un veterano del comercio electrónico, esperamos que encuentres información valiosa que te ayude a tomar una decisión informada sobre la elección de tu nicho.

1.   Comprender qué es un nicho

Un nicho es un segmento específico del mercado que eliges dirigir con tus productos. Es como un pequeño rincón en el vasto mundo del comercio electrónico en el que puedes centrarte y sobresalir. Puede ser un grupo de personas, un tipo de producto o un interés específico. Por ejemplo, si vendes ropa, un nicho podría ser ropa de yoga sostenible para mujeres. Esta especificidad te permite concentrarte en crear productos que satisfagan las necesidades y deseos precisos de ese grupo.

Al comprender qué es un nicho, puedes comprender mejor cómo puede ayudar a que tu negocio crezca y prospere. Un nicho bien definido te proporciona una dirección clara para tu estrategia de marketing y producto, lo que te permite dirigir tus esfuerzos donde es más probable que sean fructíferos. Además, al centrarte en un nicho, a menudo puedes evitar la competencia directa con las grandes empresas de comercio electrónico, que pueden ser difíciles de superar en mercados más amplios.

También puedes utilizar esta comprensión para identificar las oportunidades únicas que tu nicho puede ofrecer. Cada nicho tiene sus propias tendencias, desafíos y oportunidades. Al sumergirte en tu nicho y aprender todo lo que puedas al respecto, puedes descubrir oportunidades que otros podrían pasar por alto. Ya sea una nueva tendencia de producto, una demanda insatisfecha o una nueva forma de comercializar tus productos, estas oportunidades pueden ayudarte a adelantarte a la competencia y hacer crecer tu negocio.

◆ ◆ ◆

2. Por qué elegir un nicho es importante para tu tienda Shopify

Elegir un nicho es importante porque te permite concentrarte en un segmento específico del mercado y destacarte de la competencia. En el mundo del comercio electrónico, la competencia es feroz y destacar puede ser un desafío. Al elegir un nicho específico, puedes evitar competir directamente con las grandes empresas por la atención de los clientes y, en cambio, centrarte en satisfacer las necesidades únicas de un grupo específico de clientes.

También puede ayudarte a dirigir tu marketing de manera más efectiva. En lugar de intentar complacer a todos, puedes crear mensajes de marketing que hablen directamente a tu público objetivo. Esto puede aumentar la eficacia de tus esfuerzos de marketing y mejorar tu retorno de inversión.

Al elegir un nicho, también puedes centrarte en la creación de productos que satisfagan las necesidades específicas de ese grupo. Esto puede ayudarte a crear una marca sólida y coherente. Por ejemplo, si eliges el nicho de ropa de yoga sostenible para mujeres, puedes centrarte en la creación de productos que no solo sean funcionales y cómodos para el yoga, sino también duraderos y respetuosos con el medio ambiente. Esto puede ayudarte a crear una marca sólida y coherente que sea atractiva para tu público objetivo.

Además, al satisfacer las necesidades específicas de tu nicho, puedes crear una relación más sólida con tus clientes y aumentar su lealtad. Los clientes que sienten que sus necesidades específicas son comprendidas y satisfechas tienen más probabilidades de volver a comprar y recomendar tu tienda a otros. Esto puede conducir a un crecimiento sostenible y a largo plazo para tu negocio.

◆ ◆ ◆

3. Cómo identificar un nicho rentable

Identificar un nicho rentable es un proceso que requiere investigación exhaustiva, análisis minucioso y una comprensión clara de tu mercado objetivo. Es un paso crucial que puede determinar el éxito o el fracaso de tu negocio de dropshipping.

Comprender las tendencias del mercado es un primer paso esencial. Esto implica examinar los productos o categorías de productos que son actualmente populares. Sin embargo, es importante distinguir las tendencias sostenibles de las modas pasajeras. Una tendencia sostenible es más probable que te proporcione una base de clientes estable y generación de ventas a largo plazo.

Luego, debes comprender los intereses de tu público objetivo. Esto significa saber qué buscan tus clientes potenciales, qué valoran y qué están dispuestos a comprar. Esto puede ayudarte a elegir productos que satisfagan sus necesidades y deseos, lo que puede aumentar tus posibilidades de realizar ventas.

La identificación de oportunidades de productos es otro factor clave a considerar. Debes buscar productos que tengan un alto potencial de ventas y que no estén saturados en el mercado. Esto puede implicar buscar productos únicos, encontrar formas de mejorar los productos existentes o dirigir productos a un segmento específico del mercado.

Para ayudarte en este proceso, puedes utilizar herramientas como Google Trends, Keyword Planner y plataformas de redes sociales. Estas herramientas pueden darte una idea de los productos o categorías de productos que son actualmente populares y que tienen potencial de crecimiento. También pueden ayudarte a identificar las palabras clave que tu público objetivo utiliza para buscar productos, lo que puede ayudarte en la optimización de tu marketing y SEO.

Además, es importante considerar la rentabilidad del nicho. Esto puede implicar examinar los márgenes de beneficio potenciales, la demanda de productos y la competencia en el mercado. Un nicho rentable será aquel que tenga una alta demanda de productos, márgenes de beneficio saludables y competencia moderada. También es importante tener en cuenta los costos asociados con la operación de tu tienda, como las tarifas de Shopify, los costos de envío y los costos de marketing.

Finalmente, es esencial validar tu idea de nicho antes de comprometerte por completo. Esto puede implicar probar tu producto en el mercado, recopilar comentarios de posibles clientes y analizar el rendimiento de tus competidores. Esta etapa de validación puede ayudarte a evitar inversiones innecesarias en productos o mercados que no sean rentables.

En resumen, identificar un nicho rentable es un proceso que requiere reflexión estratégica, investigación exhaustiva y análisis minucioso. Al tomar el tiempo para realizar este trabajo preliminar, puedes aumentar tus posibilidades de elegir un nicho que te ayude a construir un negocio de dropshipping próspero y sostenible.

◆ ◆ ◆

4.   Factores a considerar al elegir un nicho

Al elegir un nicho para tu tienda Shopify, es esencial tener en cuenta varios factores clave que pueden influir en el éxito de tu negocio. Estos factores pueden variar según tu mercado objetivo, tus productos y tus objetivos comerciales, pero todos desempeñan un papel importante en la determinación de la viabilidad y rentabilidad de tu nicho.

En primer lugar, el tamaño del mercado es un factor crucial. Un nicho con un mercado demasiado pequeño puede no ofrecer suficientes clientes potenciales para respaldar tu negocio, mientras que un mercado demasiado grande puede ser demasiado competitivo para una nueva empresa. Es importante encontrar un equilibrio y elegir un nicho que tenga un tamaño de mercado suficiente para ofrecer oportunidades de crecimiento, pero que no esté tan saturado como para que sea difícil destacar.

En segundo lugar, la demanda de productos en tu nicho también es un factor clave. Una fuerte demanda de productos puede indicar un mercado saludable y activo, lo que puede aumentar tus posibilidades de realizar ventas. Puedes evaluar la demanda de productos utilizando herramientas como

Google Trends, Keyword Planner o examinando las ventas de productos similares en Shopify u otras plataformas de comercio electrónico.

En tercer lugar, la competencia en tu nicho es otro factor a considerar. Una competencia excesiva puede dificultar la obtención de una cuota de mercado, mientras que una competencia insuficiente puede indicar falta de interés o demanda en los productos de tu nicho. Es importante realizar un análisis de la competencia para comprender quiénes son tus competidores, qué productos ofrecen y cómo puedes diferenciarte.

En cuarto lugar, tu pasión por el tema de tu nicho puede desempeñar un papel importante en tu éxito. Gestionar una tienda Shopify puede ser un trabajo difícil y exigente, y tener pasión por lo que haces puede ayudarte a mantener la motivación y el compromiso. Además, tu pasión puede traducirse en un mayor conocimiento de los productos, una mejor comprensión de las necesidades de los clientes y una mayor disposición para proporcionar un excelente servicio al cliente.

Finalmente, tu capacidad para ofrecer un valor único a tus clientes es un factor esencial a considerar. Esto puede implicar ofrecer productos únicos, proporcionar un excelente servicio al cliente, ofrecer precios competitivos o crear una experiencia de marca sólida. Al ofrecer un valor único, puedes destacarte de la competencia y atraer y retener a más clientes.

En resumen, elegir un nicho para tu tienda Shopify es una decisión compleja que requiere reflexión y análisis profundos. Al tener en cuenta estos factores, puedes aumentar tus posibilidades de elegir un nicho que no solo sea rentable, sino también alineado con tus pasiones y habilidades.

5.   Herramientas para ayudarte a encontrar un nicho

En el proceso de investigación y selección de un nicho para tu tienda Shopify, existen varias herramientas y recursos que pueden ayudarte a tomar una decisión informada. Estas herramientas pueden ayudarte a identificar las tendencias actuales, comprender la demanda de productos, analizar la competencia y descubrir nuevos nichos potenciales.

Google Trends es una herramienta valiosa que puede ayudarte a comprender las tendencias actuales y predecir las tendencias futuras. Te permite ver cómo ha evolucionado el interés por un término de búsqueda específico con el tiempo, lo que puede darte una idea de la popularidad y demanda de un producto o nicho específico.

Keyword Planner es otra herramienta útil que puede ayudarte a comprender la demanda de productos. Te permite buscar palabras clave relacionadas con tu nicho y ver cuántas veces se buscan, lo que puede darte una idea de la popularidad y demanda de esos productos.

Las plataformas de redes sociales, como Facebook, Instagram y Twitter, también pueden ser herramientas valiosas para la investigación de nichos. Puedes utilizar estas plataformas para ver qué productos son populares, cuáles son los intereses de tu público objetivo y cómo se comercializan y venden los productos.

Además de estas herramientas, Shopify ofrece recursos

específicos para ayudar a los propietarios de tiendas a encontrar un nicho. Shopify Compass es una plataforma de aprendizaje que ofrece cursos, tutoriales y webinarios sobre diversos aspectos de la gestión de una tienda Shopify, incluida la investigación de nichos. Exchange Marketplace es una plataforma donde puedes comprar y vender tiendas Shopify, lo que puede darte una idea de los nichos que actualmente son rentables.

Estas herramientas pueden ayudarte a identificar las tendencias actuales, comprender la demanda de productos, analizar la competencia y descubrir nuevos nichos potenciales. Al utilizar estas herramientas y recursos, puedes tomar una decisión más informada y elegir un nicho que tenga el potencial de ser rentable y exitoso.

◆ ◆ ◆

6.   Cómo validar tu idea de nicho

Una vez que hayas identificado un nicho potencial para tu tienda Shopify, es crucial validar tu idea antes de comprometerte por completo. La validación de tu idea de nicho te permite confirmar que tu elección de nicho tiene un potencial real de rentabilidad y éxito. Esto puede ayudarte a evitar inversiones innecesarias en productos o mercados que no sean rentables y asegurarte de que estás en el camino correcto.

Probar tu producto en el mercado es un paso importante en la validación de tu idea de nicho. Esto puede implicar lanzar una versión mínima viable (MVP) de tu producto o tu tienda para ver cómo es recibida por los clientes. Puedes utilizar los comentarios y los datos de ventas de esta fase

de prueba para evaluar el interés del mercado por tu producto y ajustar tu producto o estrategia en consecuencia.

La recopilación de comentarios de posibles clientes es otro paso clave en la validación. Esto puede implicar realizar encuestas, entrevistas o grupos de discusión para comprender las necesidades, deseos y preferencias de tu público objetivo. Los comentarios de los clientes pueden proporcionarte información valiosa sobre lo que funciona y lo que no funciona en tu nicho y ayudarte a refinar tu producto y tu estrategia de marketing.

El análisis del rendimiento de tus competidores también es una parte importante de la validación de tu idea de nicho. Esto puede implicar examinar sus productos, estrategias de marketing, precios y comentarios de los clientes. Este análisis puede proporcionarte una idea de lo que funciona bien en tu nicho y de las oportunidades para destacarte.

Finalmente, es importante tener en cuenta los aspectos financieros de tu nicho. Esto puede implicar realizar un análisis de costos para comprender las inversiones necesarias para lanzar y gestionar tu tienda, y un análisis de ingresos para estimar el potencial de ganancias de tu nicho. Estos análisis pueden ayudarte a comprender si tu nicho es financieramente viable y si puede respaldar tu negocio a largo plazo.

En resumen, la validación de tu idea de nicho es un paso esencial que puede ayudarte a evitar costosos errores y aumentar tus posibilidades de éxito. Al tomar el tiempo para probar tu producto, recopilar comentarios, analizar a tus competidores y comprender los aspectos financieros de tu nicho, puedes asegurarte de que estás tomando una decisión informada y rentable para tu tienda Shopify.

7.   Conclusión

Elegir un nicho para tu tienda Shopify es un paso importante para el éxito de tu negocio. Al dedicar tiempo a investigar, analizar y validar tu nicho, puedes aumentar tus posibilidades de éxito y destacarte de la competencia. La elección de un nicho es un proceso continuo que requiere atención y reflexión constantes. Al mantener la flexibilidad y estar dispuesto a adaptar tu nicho a medida que tu negocio crece y el mercado evoluciona, puedes asegurarte de que tu tienda Shopify siga siendo relevante y rentable.

CAPÍTULO 5: CÓMO ENCONTRAR PROVEEDORES DE DROPSHIPPING

El dropshipping es un modelo de negocio popular que ha revolucionado la forma en que se lleva a cabo el comercio electrónico. Ofrece una oportunidad única a los emprendedores para iniciar un negocio en línea sin tener que invertir en inventario inicial, eliminando así uno de los principales obstáculos para ingresar al mundo del comercio minorista.

En el modelo de dropshipping, tú, como minorista, no almacenas los productos que vendes. En cambio, cuando vendes un producto, compras el artículo a un tercero, generalmente un mayorista o un fabricante, que luego envía el producto directamente a tu cliente. Esto significa que puedes concentrarte en el aspecto de marketing y ventas de tu negocio, sin preocuparte por la logística de almacenamiento o envío.

Sin embargo, aunque el dropshipping puede parecer sencillo en la superficie, el éxito de un negocio de dropshipping depende en gran medida de la elección de los proveedores. Un buen proveedor no solo podrá proporcionarte productos de alta calidad a precios competitivos, sino que también será confiable en términos de cumplimiento de los plazos de entrega y manejo eficiente de devoluciones y reclamaciones.

La selección de un proveedor de dropshipping no es una tarea que deba tomarse a la ligera. Es una decisión que puede tener un impacto significativo en la viabilidad y rentabilidad de tu negocio. Este capítulo tiene como objetivo guiarte a través del proceso de investigación y selección de proveedores de dropshipping, proporcionándote consejos prácticos y estrategias para tomar la mejor decisión para tu negocio.

◆ ◆ ◆

1. Comprender el papel de los proveedores en el dropshipping

En el modelo de dropshipping, los proveedores no son solo vendedores, sino socios clave de tu negocio. Su papel va mucho más allá de simplemente proporcionar productos. De hecho, son responsables de la fabricación y el envío de los productos directamente a los clientes en tu nombre, lo que los convierte en un eslabón fundamental de tu cadena de suministro.

Los proveedores de dropshipping son, de alguna manera, los bastidores de tu negocio. Mientras te concentras en la construcción de tu marca y la adquisición de clientes, ellos se encargan de la producción, el embalaje, el envío y, a veces, incluso del servicio postventa. Esto significa que la calidad de los productos que tus clientes reciben, la rapidez con la que los reciben y la forma en que se resuelven los problemas dependen en gran medida de tus proveedores.

Por eso es esencial elegir proveedores que no solo puedan ofrecer productos de alta calidad, sino que también sean confiables y eficientes. Un buen proveedor de dropshipping podrá cumplir con los plazos de entrega, gestionar de manera efectiva las devoluciones y cambios, y ofrecer un excelente servicio al cliente. También serán capaces de adaptarse a tus necesidades cambiantes a medida que tu negocio crezca.

En última instancia, tus proveedores son una extensión de tu negocio. Su desempeño tiene un impacto directo en la satisfacción de tus clientes y, por lo tanto, en el éxito de tu negocio. Comprender su papel crucial y elegir cuidadosamente a tus socios puede marcar la diferencia entre el éxito y el fracaso en el mundo del dropshipping.

◆ ◆ ◆

2.   Las diferentes plataformas para encontrar proveedores

En el mundo del dropshipping, existen numerosas plataformas en línea que facilitan la búsqueda y selección de proveedores. Estas plataformas varían en tamaño, alcance, tipos de productos ofrecidos y servicios adicionales que pueden ofrecer. Aquí tienes un vistazo más detallado a algunas de estas plataformas:

a. Alibaba:

Alibaba es una de las mayores plataformas B2B del mundo, conectando a compradores con fabricantes y proveedores en todo el mundo. Con una amplia gama de productos y proveedores, Alibaba ofrece una gran flexibilidad para las empresas de dropshipping. Sin embargo, es importante tener en cuenta que la mayoría de los proveedores en Alibaba están ubicados en Asia, lo que puede resultar en plazos de entrega más largos.

b. AliExpress:

Filial de Alibaba, AliExpress funciona más como una plataforma B2C, permitiendo a las empresas de dropshipping comprar productos por unidad. Es una opción popular para aquellos que recién comienzan en el dropshipping debido a su facilidad de uso y bajos requisitos mínimos de pedido.

c. SaleHoo:

SaleHoo es un directorio de mayoristas y proveedores de dropshipping que ofrece acceso a más de 8,000 proveedores internacionales. SaleHoo se destaca por su sólido servicio al cliente y recursos educativos para ayudar a los nuevos emprendedores a tener éxito.

d. Doba:

Doba es una plataforma de dropshipping que ofrece acceso a millones de productos de cientos de proveedores. Con Doba, puedes buscar productos, gestionar tus proveedores e inventario, y realizar pedidos directamente desde la plataforma.

Además de estas plataformas, existen otras opciones que pueden ser más adecuadas para necesidades específicas:

e. Automizely:

Automizely es una plataforma de dropshipping que se enfoca en simplificar la búsqueda de productos para vender en línea. Con Automizely, puedes acceder a una amplia variedad de productos en AliExpress en unos pocos clics, lo que facilita la adición de nuevos productos a tu tienda.

f. Printful:

Printful es un servicio de dropshipping bajo demanda que se especializa en productos personalizados. Con Printful, tus clientes pueden elegir entre una variedad de diseños para imprimir en productos como sudaderas, camisetas, fundas de computadoras portátiles y más. Es una excelente opción para empresas que desean ofrecer productos personalizados.

g. DropnShop:

DropnShop es una aplicación de dropshipping diseñada específicamente para tiendas en línea que venden productos franceses. Ofrece productos de fabricantes franceses líderes y ofrece miles de referencias en diversas categorías. Es una excelente opción para aquellos que desean centrarse en el mercado francés.

h. Glowroad:

Glowroad es una aplicación de dropshipping de Shopify que se enfoca en el mercado indio. Con Glowroad, puedes enviar artículos al Reino Unido, Estados Unidos, Australia, Canadá y a más de 30 países. Es una opción interesante para aquellos que desean dirigirse al mercado indio.

Además de estas plataformas, también existen otras opciones que vale la pena explorar:

i. Spocket:

Spocket es una plataforma de dropshipping que se enfoca en proveedores con sede en Estados Unidos y Europa. Esto puede ayudar a reducir los plazos de entrega y ofrecer productos de mejor calidad. Spocket también ofrece una integración fácil con plataformas de comercio electrónico como Shopify y

WooCommerce.

j.   Oberlo:

Oberlo es otra plataforma popular que se integra directamente con Shopify. Permite a los emprendedores encontrar productos para vender en línea de diversos proveedores de todo el mundo. Oberlo también ofrece herramientas para ayudar en la fijación de precios de productos, gestión de inventarios y envíos.

k.   Modalyst:

Modalyst es una plataforma de dropshipping que ofrece una gama de productos de alta calidad de proveedores independientes y marcas de diseñadores. Modalyst se destaca por su selección de productos únicos que pueden ayudar a que tu tienda en línea se destaque.

l.   Dropified:

Dropified es una plataforma de dropshipping que ofrece herramientas para automatizar muchos aspectos de tu negocio de dropshipping. Con Dropified, puedes automatizar la adición de nuevos productos, la gestión de pedidos, el seguimiento de envíos y más.

Es importante tener en cuenta que cada plataforma tiene sus propias ventajas y desventajas, y lo que funcione mejor para ti dependerá de tus necesidades específicas como empresa de dropshipping. Por lo tanto, es crucial realizar una investigación exhaustiva y probar diferentes plataformas antes de tomar una decisión.

◆ ◆ ◆

3.   Cómo contactar a

los proveedores

Una vez que hayas identificado posibles proveedores para tu negocio de dropshipping, el siguiente paso es ponerse en contacto con ellos. Esta etapa es crucial porque te permite hacer preguntas relevantes para evaluar si un proveedor es la elección adecuada para tu negocio. Por ejemplo, puedes preguntar sobre sus plazos de entrega, políticas de devolución, capacidades de producción y estándares de calidad.

Cuando te pongas en contacto con un proveedor, es importante presentarte de manera profesional. Explica claramente quién eres, qué hace tu empresa y cuáles son tus necesidades de productos. Asegúrate también de hacer preguntas específicas para obtener toda la información que necesitas. Por ejemplo, puedes preguntar:

• ¿Cuáles son tus plazos de entrega promedio?

• ¿Cuál es tu política de devoluciones y reembolsos?

• ¿Cuál es tu capacidad de producción?

• ¿Cómo garantizas la calidad de tus productos?

• ¿Cuáles son tus precios y ofreces descuentos para pedidos al por mayor?

También se recomienda solicitar muestras de productos para evaluar la calidad. Esto puede ayudarte a determinar si los productos cumplen con tus estándares y las expectativas de tus clientes.

Por último, no olvides discutir las condiciones de pago y comprender cómo y cuándo el proveedor espera ser pagado. Esto puede variar de un proveedor a otro, por lo que es importante aclarar esto desde el principio para evitar malentendidos o problemas futuros.

◆ ◆ ◆

4.   Cómo negociar con los proveedores

La negociación con los proveedores es una habilidad esencial para cualquier emprendedor de dropshipping. Puede ayudarte a obtener mejores condiciones, precios más bajos, plazos de entrega más cortos y una mejor calidad de producto. Aquí tienes algunos consejos para negociar eficazmente con tus proveedores:

a. Prepárate:

Antes de iniciar las negociaciones, investiga. Comprende el mercado, los precios promedio, los plazos de entrega y los estándares de calidad de los productos que deseas vender. Esto te dará una posición de negociación más fuerte.

b. Sé claro en tus expectativas:

Cuando negocies con un proveedor, sé claro en lo que esperas de él. Ya sea en términos de precio, calidad, plazos de entrega o servicio postventa, asegúrate de que el proveedor entienda tus expectativas.

c. Negocia en varios frentes:

No te centres únicamente en el precio. Aunque el costo de los productos es importante, otros factores también pueden ser objeto de negociación, como los plazos de entrega, las condiciones de pago, la calidad de los productos, etc.

d. Construye una relación:

La negociación no se trata solo de números, sino también de relaciones. Intenta construir una relación positiva con tus proveedores. Esto puede llevar a mejores condiciones a largo plazo.

e. Prepárate para hacer concesiones:

La negociación es un proceso de dar y recibir. Es posible que no puedas obtener todo lo que deseas, así que prepárate para hacer concesiones. Sin embargo, asegúrate de que las concesiones que hagas no afecten la calidad de tus productos ni el servicio que brindas a tus clientes.

f. Sigue el proceso:

Una vez que hayas llegado a un acuerdo, asegúrate de formalizarlo por escrito. Esto puede tomar la forma de un contrato o un acuerdo de compra. Asegúrate de que todos los detalles del acuerdo estén claramente indicados y de que ambas partes comprendan sus obligaciones.

Finalmente, recuerda que la negociación es un proceso continuo. Las condiciones del mercado, los costos de producción y otros factores pueden cambiar, por lo que es importante revisar regularmente tus acuerdos con tus proveedores.

5. Errores a evitar al seleccionar proveedores

L a selección de proveedores es un paso crucial en el proceso de establecer un negocio de dropshipping. Sin embargo, hay varios errores comunes que los emprendedores suelen cometer en esta etapa. Aquí tienes algunos de estos errores y cómo evitarlos:

a. Elegir proveedores basados únicamente en el precio:

Aunque el precio es un factor importante, no debería ser el único criterio de selección. Un proveedor que ofrece precios bajos puede no ser capaz de proporcionar una calidad constante o una entrega confiable. Por lo tanto, es importante considerar otros factores como la calidad de los productos, la confiabilidad en la entrega y el servicio al cliente.

b. No verificar la calidad de los productos:

La calidad de los productos que vendes tendrá un impacto directo en la satisfacción de tus clientes y en la reputación de tu empresa. Por lo tanto, es esencial verificar la calidad de los productos de un proveedor antes de decidir trabajar con él. Esto puede implicar pedir muestras de productos, verificar las certificaciones de calidad o leer las opiniones de otros clientes.

c. No establecer relaciones sólidas con los proveedores:

Una buena relación con tus proveedores puede ayudarte a obtener mejores condiciones, resolver rápidamente problemas y obtener un servicio más personalizado. Por lo tanto, es importante comunicarte regularmente con tus proveedores, tratarlos con respeto y buscar construir una relación de confianza mutua.

d. Ignorar las calificaciones y opiniones de los proveedores:

Las calificaciones y opiniones de los proveedores pueden darte una idea de su confiabilidad, la calidad de sus productos y su servicio al cliente. Por lo tanto, es importante tomarte el tiempo para leer estas calificaciones y opiniones antes de elegir un proveedor.

e. No tener un plan B:

Incluso con el mejor proveedor, pueden surgir problemas inesperados, como retrasos en la entrega o problemas de calidad. Por lo tanto, es importante tener un plan B en su lugar, como un segundo proveedor, para evitar que estos problemas afecten a tu negocio.

Al evitar estos errores, puedes aumentar tus posibilidades de elegir los proveedores adecuados para tu negocio de dropshipping y garantizar la satisfacción de tus clientes y el éxito de tu empresa.

◆ ◆ ◆

6.   Consejos adicionales para encontrar proveedores de dropshipping

Según un video de YouTube de Austin Raven, aquí tienes algunos consejos adicionales para encontrar proveedores de dropshipping:

a. Trabaja con un transitario:

Un transitario es una empresa que se encarga del envío de productos desde la fábrica hasta tu cliente. Pueden comunicarse directamente con los fabricantes, negociar precios y manejar el empaque personalizado. Generalmente, tienen una mejor comunicación y se preocupan más por ti que los fabricantes.

b. No confíes solo en un sitio web para encontrar un proveedor:

Ya sea AliExpress, Spocket, ZenDrop o cualquier otro sitio, todos tienen buenos proveedores, pero debes tomarte el tiempo para encontrarlos. Es un juego de números, así que no dudes en contactar a muchos proveedores.

c. Verifica las rutas de envío:

Algunos proveedores pueden tener rutas de envío más rápidas disponibles, pero no las listan en su página de productos. Deberás contactarlos directamente para obtener esta información.

d. Solicita muestras de productos:

Antes de decidir trabajar con un proveedor, solicita muestras de productos. Esto te permitirá verificar la calidad de los productos y asegurarte de que cumplen con tus estándares.

e. Establece buenas relaciones con tus proveedores:

Una buena relación con tus proveedores puede ayudarte a obtener mejores precios y a resolver rápidamente los problemas que puedan surgir. Por lo tanto, es importante comunicarte regularmente con tus proveedores y tratarlos como socios en lugar de simples proveedores.

f. Solicita descuentos para pedidos a granel:

Si planeas realizar un volumen constante de pedidos a tus proveedores, pregúntales si pueden ofrecerte descuentos. Esto puede ayudarte a aumentar tus márgenes de beneficio.

g. Verifica si el proveedor ofrece personalización de productos:

Si deseas crear una marca, puede ser útil trabajar con un proveedor que ofrezca personalización de productos, como la impresión de tu logotipo en los productos.

h. Ordena productos a tu propia dirección sin informar al proveedor:

Esto te permitirá verificar la calidad del embalaje y el tiempo de entrega sin que el proveedor sepa que se trata de un pedido de prueba.

7. Conclusión

La búsqueda y selección de proveedores de dropshipping confiables y de calidad son pasos esenciales para garantizar el éxito de cualquier empresa de comercio electrónico. Es un proceso que requiere tiempo, paciencia y atención a los detalles. No se trata solo de encontrar proveedores que puedan ofrecer productos a precios competitivos, sino también de encontrar socios que comprendan tus objetivos comerciales, estén comprometidos con la calidad y la excelencia en el servicio, y que puedan trabajar contigo para ayudar a que tu empresa crezca y prospere.

Haciendo las preguntas correctas, evaluando cuidadosamente las respuestas y estableciendo relaciones sólidas y mutuamente beneficiosas con tus proveedores, puedes construir una base sólida para tu negocio de dropshipping. Esto no solo te ayudará a evitar problemas comunes que pueden obstaculizar el crecimiento de tu empresa, sino que también te permitirá adaptarte rápidamente a los cambios en el mercado, expandir tu gama de productos y mejorar el servicio al cliente.

En última instancia, el éxito de tu negocio de dropshipping depende de la calidad de las asociaciones que estableces con tus proveedores. Al elegir los socios adecuados, puedes crear un negocio de dropshipping que no solo satisfaga las necesidades de tus clientes, sino que también sea sostenible y capaz de prosperar en un entorno comercial en constante cambio.

CAPÍTULO 6: CÓMO AGREGAR PRODUCTOS A TU TIENDA SHOPIFY

La incorporación de productos a tu tienda Shopify es un paso crucial en la configuración de tu negocio de comercio electrónico. A través de tus productos, puedes mostrar a tus clientes lo que tienes para ofrecer y motivarlos a realizar compras. Esta guía te llevará a través del proceso de agregar productos a tu tienda Shopify, paso a paso.

◆ ◆ ◆

1. Agregar productos a través de Shopify

a. Paso 1: Acceder a la página de productos

El primer paso para agregar productos a tu tienda Shopify es acceder a la página de productos. Inicia sesión en tu cuenta de Shopify y ve a tu panel de control. En el lado izquierdo de tu panel de control, verás un menú de navegación. Haz clic en "Productos" en este menú para acceder a la página de productos. Aquí verás una lista de todos los productos que ya has agregado a tu tienda.

b. Paso 2: Agregar un nuevo producto

Una vez que estés en la página de productos, puedes comenzar a agregar un nuevo producto a tu tienda. Para hacerlo, haz clic en el botón "Agregar un producto" ubicado en la parte superior derecha de la página. Esto te llevará a una nueva página donde podrás ingresar los detalles de tu producto.

c. Paso 3: Ingresar los detalles del producto

En la página de agregar producto, deberás ingresar varios detalles sobre tu producto. Estos detalles incluyen:

i.   *Nombre del producto: Este es el nombre de tu producto. Debe ser descriptivo y atractivo para tus clientes.*

ii.   *Descripción: Aquí es donde puedes dar más detalles sobre tu producto. Puedes incluir información sobre las características del producto, su uso, beneficios, etc.*

iii.   *Imágenes: Puedes cargar imágenes de tu producto aquí. Asegúrate de que tus imágenes sean de alta calidad y muestren tu producto desde diferentes ángulos.*

iv.   *Precio: Este es el precio al que estás vendiendo tu producto. También puedes agregar un precio de comparación si tu producto está en oferta.*

v.   *Inventario: Aquí puedes administrar tu stock. Puedes agregar un SKU (Unidad de Mantenimiento de Stock), un código de barras y la cantidad de productos disponibles.*

vi.   *Envío: Esta sección te permite gestionar la información de envío de tu producto. Puedes agregar el peso del producto, el tamaño del paquete y determinar si el producto requiere envío físico.*

vii.   *Variantes del producto: Si tu producto está disponible en diferentes variantes (por ejemplo, diferentes tallas o colores), puedes agregarlas aquí.*

d. Paso 4: Configurar la visibilidad del producto

Una vez que hayas ingresado todos los detalles de tu producto, puedes configurar su visibilidad. Puedes elegir si deseas que tu producto sea visible en tu tienda en línea y también si deseas que esté disponible en tus diferentes canales de venta, como Facebook o Amazon.

e. Paso 5: Guardar el producto

Después de ingresar toda la información necesaria y configurar la visibilidad de tu producto, no olvides hacer clic en "Guardar" para agregar el producto a tu tienda. El botón "Guardar" se encuentra en la parte superior derecha de la página de agregar producto.

f. Paso 6: Repetir el proceso

Ahora que has agregado un producto a tu tienda Shopify, puedes repetir este proceso para todos los demás productos que desees agregar. Cada producto requerirá la misma información básica, pero recuerda que cada producto es único y puede requerir información adicional según su naturaleza.

2. Agregar productos a través de la aplicación móvil de Shopify

A demás de la interfaz web, Shopify también ofrece una aplicación móvil que te permite agregar productos a tu tienda directamente desde tu teléfono inteligente. La aplicación está disponible para iOS y Android y ofrece una interfaz amigable que facilita la adición de productos. Puedes agregar productos a tu tienda siguiendo los mismos pasos que en la interfaz web, pero desde tu teléfono.

◆ ◆ ◆

3. Agregar productos en masa

S i tienes un gran número de productos para agregar a tu tienda, puede ser más eficiente agregar productos en masa. Shopify permite la importación de productos en masa utilizando un archivo CSV. Puedes crear un archivo CSV con toda la información de tus productos y cargarlo en Shopify, lo que agregará todos tus productos de una sola vez. Esto puede ahorrarte mucho tiempo si tienes cientos o miles de productos para agregar.

◆ ◆ ◆

4. Gestión de productos digitales

Si vendes productos digitales, como libros electrónicos o cursos en línea, el proceso de agregar productos es ligeramente diferente. Shopify ofrece una aplicación gratuita llamada "Descargas Digitales" que te permite agregar productos digitales a tu tienda. Una vez instalada la aplicación, puedes agregar productos digitales de la misma manera que agregas productos físicos, pero también tendrás la opción de agregar archivos digitales que los clientes pueden descargar después de la compra.

◆ ◆ ◆

5.   Uso de la API de Shopify

Para usuarios más avanzados, Shopify ofrece una API que te permite agregar productos a tu tienda de manera programática. Esto puede ser útil si tienes una gran cantidad de productos para agregar o si deseas automatizar el proceso de agregar productos. El uso de la API de Shopify requiere habilidades de programación, por lo que si no te sientes cómodo con eso, considera la posibilidad de contratar a un desarrollador para que te ayude.

◆ ◆ ◆

6.   Agregar productos a través de complementos de

plataformas de dropshipping

a. DSers

DSers es una herramienta de gestión de pedidos calificada y uno de los socios de dropshipping más conocidos y confiables de AliExpress. Ofrece una variedad de funciones, incluyendo optimización de proveedores, gestión de pedidos a granel, gestión de inventario, gestión de múltiples tiendas, actualización automática del estado de los pedidos, fijación automática de precios, mapeo de variantes y mucho más.

b. DSM Tool

DSM Tool es otra plataforma de dropshipping que se integra con eBay y Shopify. Automatiza la ejecución de pedidos en un corto período de tiempo, de 7 a 15 días. Entre sus características principales se incluyen la importación masiva de productos, la búsqueda de productos de alta calidad, la edición avanzada de productos, la optimización de listados de SEO, el reabastecimiento automático y un programa de afiliados.

c. Trendsi

Trendsi es una aplicación de dropshipping que te permite vender ropa, calzado y accesorios de moda directamente desde tu tienda Shopify. La aplicación ofrece precios al por mayor en todos sus productos, lo que te permite obtener márgenes de beneficio más altos.

d. CJ Dropshipping

Como se mencionó anteriormente, CJ Dropshipping es una plataforma de dropshipping que se integra con Shopify. CJ Dropshipping te permite encontrar productos de diversos proveedores y agregarlos a tu tienda Shopify.

e. DropCommerce

DropCommerce es otra aplicación de dropshipping para Shopify que se destaca porque solo ofrece productos de proveedores en América del Norte. Esto significa que los tiempos de envío suelen ser más cortos y la calidad de los productos suele ser más alta.

f. GlowRoad

GlowRoad es una aplicación de dropshipping que te permite encontrar y vender productos de diversas categorías. Con GlowRoad, puedes agregar productos a tu tienda Shopify con un solo clic.

g. Spocket

Spocket es una plataforma de dropshipping que te permite seleccionar los mejores productos para vender de diversos proveedores de todo el mundo. Puedes probar Spocket de forma gratuita, y si decides suscribirte a un plan de pago, puedes acceder a funciones adicionales.

h. Zendrop

Zendrop es una solución de dropshipping automatizada que te permite encontrar y agregar productos a tu tienda Shopify en unos pocos clics. Zendrop también ofrece una rápida ejecución de pedidos y un servicio al cliente de primera clase.

i. Importify

Importify te permite importar productos de diversas plataformas de comercio electrónico directamente en tu tienda Shopify. Con Importify, también puedes automatizar el proceso de realización de pedidos.

j. Modalyst

Modalyst es una plataforma de dropshipping que se centra en productos de marca, moda, lujo y nicho único. Con Modalyst, puedes agregar productos a tu tienda Shopify con un solo clic.

k. Inventory Source

Inventory Source es una plataforma de dropshipping que te permite sincronizar automáticamente los productos y el inventario de tus proveedores con tu tienda Shopify.

l. Syncee

Syncee es una aplicación de dropshipping que te permite encontrar y agregar productos a tu tienda Shopify de proveedores de todo el mundo. Syncee también ofrece integración con varias otras plataformas de comercio electrónico.

m. Oberlo

Oberlo es una de las aplicaciones de dropshipping más populares para Shopify. Te permite importar fácilmente productos de proveedores directamente en tu tienda Shopify y enviarlos directamente a tus clientes.

n. Printful

Printful es una aplicación de dropshipping que se enfoca en productos impresos a pedido. Con Printful, puedes vender camisetas, sudaderas con capucha, pósters, tazas, bolsas y más, todos personalizados con tus propios diseños.

o. Aliexpress Dropshipping

Aliexpress Dropshipping es una aplicación que te permite

agregar productos de Aliexpress a tu tienda Shopify. Ofrece una integración completa con Aliexpress, lo que significa que puedes importar productos, gestionar pedidos y rastrear envíos directamente desde tu panel de control de Shopify.

Cada complemento tiene sus propias características y ventajas, por lo que es importante elegir el que mejor se adapte a tus necesidades específicas. No olvides que agregar productos a tu tienda es un paso importante, pero también es esencial mantener una buena relación con tus proveedores, gestionar eficazmente tu inventario y proporcionar un excelente servicio al cliente.

◆ ◆ ◆

7.   Conclusión

La incorporación de productos a tu tienda Shopify es una tarea continua. A medida que agregas nuevos productos a tu tienda, debes continuar gestionando y actualizando tus listados de productos para asegurarte de que estén actualizados y precisos. Siguiendo los pasos descritos en esta guía, deberías poder agregar productos a tu tienda de manera eficiente y efectiva.

CAPÍTULO 7: CÓMO CONFIGURAR LOS AJUSTES DE PAGO Y ENVÍO EN SHOPIFY

1.   Configuración de los ajustes de pago en Shopify

Configurar los ajustes de pago en Shopify es un paso crucial para garantizar el buen funcionamiento de tu tienda en línea. Aquí tienes una guía detallada para ayudarte a través de este proceso:

a.   Accede a tus ajustes de pago:

Para empezar, inicia sesión en tu cuenta de Shopify. Una vez que estés en tu panel de control, busca la sección "Ajustes" en la parte inferior izquierda de la pantalla. Haz clic en ella y selecciona "Pagos". Serás redirigido a la página de ajustes de pago.

b.   Elige tu proveedor de pago:

Shopify ofrece una variedad de proveedores de pago para satisfacer las necesidades de diferentes comerciantes. Puedes optar por utilizar Shopify Payments, que es el proveedor de pago predeterminado de Shopify. Sin embargo, si lo prefieres, también puedes elegir entre una lista de proveedores de pago de terceros. Cada proveedor tiene sus propias ventajas y desventajas, así que asegúrate de investigar para encontrar el que mejor se adapte a tu negocio.

c.   Configura tus ajustes de pago:

Una vez que hayas elegido tu proveedor de pago, debes configurar tus ajustes de pago. Esto puede incluir agregar tu información bancaria, configurar tus ajustes de tarjeta de crédito y establecer tus ajustes de pago alternativos. Tómate el tiempo necesario para completar esta información con cuidado para evitar problemas de pago en el futuro.

d.   Guarda tus ajustes:

Después de configurar tus ajustes de pago, no olvides hacer clic en "Guardar" para guardar tus cambios. Esto asegurará que todos tus ajustes de pago se registren correctamente y estén listos para su uso.

2.   Configuración de los ajustes de envío en Shopify

La configuración de los ajustes de envío en Shopify es igual de importante que la configuración de los ajustes de pago. Así es cómo puedes hacerlo:

a.   Accede a tus ajustes de envío:

Inicia sesión en tu cuenta de Shopify y ve a la sección "Ajustes". Luego, haz clic en "Envío y entrega". Serás redirigido a la página de ajustes de envío.

b. Configura tus zonas de envío:

Las zonas de envío son las regiones geográficas a las que envías tus productos. Puedes configurar diferentes zonas de envío según tus necesidades. Para cada zona de envío, puedes establecer tarifas de envío específicas. Esto te permite controlar los costos de envío para diferentes regiones y ofrecer tarifas de envío competitivas a tus clientes.

c. Configura tus tarifas de envío:

Para cada zona de envío, puedes configurar diferentes tarifas de envío. Puedes establecer tarifas de envío fijas, tarifas basadas en el peso o el precio, o tarifas calculadas en función de las tarifas de tus transportistas. Esto te brinda una gran flexibilidad para determinar cómo deseas cobrar el envío a tus clientes.

d. Configura tus ajustes de entrega:

Además de los ajustes de envío estándar, Shopify también te permite configurar opciones de entrega local para los clientes que se encuentran cerca de tu ubicación. Esto puede incluir entrega local y recogida en tienda. Estas opciones pueden ofrecer comodidad adicional a tus clientes y ayudar a impulsar las ventas.

e. Guarda tus ajustes:

Una vez que hayas configurado tus ajustes de envío, no olvides hacer clic en "Guardar" para guardar tus cambios. Esto garantizará que todos tus ajustes de envío se registren correctamente y estén listos para su uso.

Siguiendo estos pasos, puedes configurar eficazmente tus ajustes de pago y envío en Shopify. Sin embargo, recuerda que estos ajustes pueden requerir ajustes a lo largo del tiempo según las cambiantes necesidades de tu negocio y tus clientes. Por lo tanto, es importante revisarlos regularmente para asegurarte de que estén siempre optimizados para tu tienda en línea.

CAPÍTULO 8: CÓMO ELEGIR Y PERSONALIZAR UN TEMA PARA TU TIENDA SHOPIFY

La elección del tema para tu tienda Shopify es un paso crucial en la creación de tu tienda en línea. Va mucho más allá de seleccionar colores y diseños atractivos. Un buen tema es la base de la identidad visual de tu tienda y desempeña un papel determinante en la forma en que tus clientes perciben y interactúan con tu marca.

Cuando se elige correctamente, un tema puede ayudar a atraer y retener a los clientes al crear una primera impresión sólida y positiva. Puede resaltar tus productos, facilitar la navegación y hacer que el proceso de compra sea lo más sencillo y agradable posible. Además, un tema bien diseñado y estructurado puede contribuir a aumentar las ventas al alentar a los visitantes a explorar tu tienda y descubrir tus productos.

Por último, un buen tema puede mejorar la experiencia del usuario al ofrecer una interfaz intuitiva y receptiva. Puede ayudar a tus clientes a encontrar lo que buscan fácilmente, comprender claramente lo que ofreces y realizar sus compras sin problemas. En resumen, la elección del tema es una decisión estratégica que puede tener un impacto significativo en el éxito de tu tienda Shopify.

◆ ◆ ◆

1. Por qué la elección del tema es crucial para tu tienda Shopify

Un tema bien elegido es más que un simple aspecto visual para tu tienda Shopify. Es el elemento central que puede marcar la diferencia entre una tienda que convierte y una que no lo hace. Juega un papel crucial en varios aspectos de tu tienda en línea.

En primer lugar, tu tema suele ser lo primero que ven tus clientes cuando visitan tu tienda. Contribuye a crear una primera impresión positiva y memorable. Un diseño atractivo, profesional y en línea con tu marca puede captar de inmediato la atención de los visitantes y animarlos a explorar más tu tienda.

En segundo lugar, tu tema es una herramienta poderosa para fortalecer tu marca. Te permite crear una identidad visual coherente y reconocible que refleja los valores y la esencia de tu marca. Los colores, las fuentes, las imágenes e incluso la disposición de los elementos pueden utilizarse para contar la historia de tu marca y establecer una conexión emocional con tus clientes.

Por último, un buen tema facilita la navegación para tus clientes. Organiza la información de manera lógica e intuitiva, lo que hace que sea fácil para los clientes encontrar lo que buscan. Un tema bien estructurado puede guiar a los visitantes a través de tu tienda, llevarlos a los productos o información que buscan y alentarlos a realizar la acción deseada, ya sea comprar un producto, suscribirse a un boletín informativo o ponerse en contacto contigo. En resumen, la elección del tema es una decisión estratégica que tiene un impacto directo en la experiencia de tus clientes, la imagen de tu marca y, en última instancia, el éxito de tu tienda Shopify.

2. Cómo elegir el tema adecuado para tu tienda Shopify

a. Comprender a tu público objetivo

El primer paso para elegir el tema adecuado para tu tienda Shopify es comprender quiénes son tus clientes y qué esperan de una tienda en línea. Es crucial tener en cuenta sus preferencias, comportamientos de compra y expectativas en términos de experiencia del usuario. Por ejemplo, si vendes productos de lujo, es posible que desees un tema que refleje esta imagen de alta gama, con un diseño elegante y características premium. Si tu público objetivo es joven y moderno, un tema moderno, colorido y dinámico podría ser más apropiado. También es importante tener en cuenta las tendencias actuales en diseño web y comercio electrónico, ya que pueden influir en las expectativas de tu público objetivo.

b. Identificar tus necesidades de funcionalidad

Cada tienda en línea tiene necesidades específicas de funcionalidad, según su industria, productos y estrategia de ventas. Algunos temas de Shopify ofrecen características específicas, como galerías de productos, secciones de blogs o integraciones con redes sociales. Identifica las características que necesitas antes de elegir un tema. Por ejemplo, si tienes una amplia variedad de productos, es posible que necesites un tema que ofrezca muchas opciones de filtrado y clasificación.

Si planeas publicar contenido regularmente, un tema con una sólida sección de blog podría ser preferible.

c. Considerar el diseño y la estética

El diseño de tu tienda debe ser atractivo y reflejar tu marca. Ten en cuenta los colores, las fuentes y el estilo general del tema. Un tema que se ajuste a la identidad de tu marca puede ayudar a crear una experiencia coherente para tus clientes, fortalecer el reconocimiento de tu marca y establecer una conexión emocional con ellos. No olvides que el diseño de tu tienda también debe facilitar la navegación y resaltar tus productos.

d. Tener en cuenta la compatibilidad móvil

Con el aumento del comercio móvil, es esencial que tu tienda en línea esté optimizada para dispositivos móviles. Asegúrate de que el tema que elijas sea receptivo, es decir, que se adapte automáticamente al tamaño de la pantalla del usuario y ofrezca una buena experiencia en dispositivos móviles. Un tema que no esté optimizado para dispositivos móviles puede frustrar a los usuarios y disuadirlos de realizar compras.

e. Examinar las reseñas y valoraciones

Las opiniones de otros usuarios pueden darte una idea de la calidad del tema y del servicio al cliente. Busca un tema con buenas valoraciones y opiniones positivas. No olvides comprobar cómo responde el desarrollador del tema a los comentarios y preocupaciones de los usuarios, ya que esto puede darte una idea de la calidad de su servicio al cliente.

Además, puede ser útil ver cómo se comporta el tema en acción. Busca ejemplos de tiendas en línea que utilicen el tema que te interesa. Esto puede darte una mejor idea de qué esperar y cómo personalizar el tema para satisfacer tus propias necesidades.

En resumen, la elección del tema es una decisión estratégica que tiene un impacto directo en la experiencia de tus clientes, la imagen de tu marca y, en última instancia, el éxito de tu tienda Shopify. Tómate el tiempo para investigar, evaluar tus opciones y elegir un tema que se ajuste a tu visión y objetivos comerciales.

3. Cómo personalizar tu tema de Shopify

a. Modificar los ajustes generales

La mayoría de los temas de Shopify te permiten modificar los ajustes generales, como colores, fuentes y logotipos. Estas modificaciones pueden parecer pequeñas, pero pueden tener un impacto significativo en la apariencia y usabilidad de tu tienda. Por ejemplo, puedes elegir colores que coincidan con la identidad de tu marca, seleccionar fuentes legibles y cargar tu logotipo para fortalecer el reconocimiento de tu marca. Además, muchos temas te permiten personalizar botones, bordes, fondos y otros elementos de diseño para crear una experiencia coherente para el usuario.

b. Personalizar las secciones de tu tienda

Cada tema de Shopify tiene secciones, como encabezado, pie de página, página de inicio, páginas de productos, etc. Puedes personalizar estas secciones según tus necesidades. Por ejemplo, puedes agregar banners o presentaciones de diapositivas a tu página de inicio para destacar tus productos destacados o promociones. También puedes cambiar la disposición de tus páginas de productos para resaltar tus imágenes de productos y facilitar la compra. Recuerda que cada sección de tu tienda debe servir a un propósito específico y contribuir a la experiencia general de tus clientes.

c.   Agregar funcionalidades con aplicaciones

Si necesitas funcionalidades adicionales que no están incluidas en tu tema, puedes agregar aplicaciones de Shopify. Hay miles de aplicaciones disponibles que pueden agregar funcionalidades a tu tienda, como herramientas de marketing por correo electrónico, integraciones de redes sociales, herramientas de SEO, opciones de envío y mucho más. Al elegir aplicaciones, asegúrate de que sean compatibles con tu tema y que puedan mejorar la experiencia de tus clientes.

d.   Probar y optimizar tu tema

Una vez que hayas personalizado tu tema, es importante probarlo para asegurarte de que funcione correctamente y ofrezca una buena experiencia al usuario. Verifica tu tienda en diferentes dispositivos y navegadores para asegurarte de que sea receptiva y funcione correctamente. También utiliza herramientas de análisis para ver cómo interactúan tus clientes con tu tienda y para identificar áreas que pueden mejorarse.

La personalización de tu tema de Shopify es un proceso continuo. A medida que tu negocio crece y las necesidades de tus clientes evolucionan, es posible que debas realizar cambios y ajustes en tu tema para asegurarte de que siga siendo efectivo y atractivo.

4.   Mejores prácticas para personalizar temas

Al personalizar tu tema, es esencial tener en cuenta la experiencia del usuario. Aquí tienes algunas mejores prácticas a seguir:

a. Priorizar la facilidad de navegación

Asegúrate de que tu tienda sea fácil de navegar. Los clientes deben poder encontrar rápidamente lo que buscan. Esto significa que debes organizar tus productos de manera lógica, utilizar menús claros y filtros de búsqueda efectivos, y proporcionar enlaces a información importante, como políticas de devolución e información de contacto. Una navegación intuitiva puede ayudar a aumentar el tiempo que los usuarios pasan en tu sitio, reducir la tasa de rebote y aumentar las conversiones.

b. Resaltar la información importante

La información importante debe ser fácil de encontrar. Esto incluye detalles del producto, precios, opciones de envío y pago, y reseñas de los clientes. Asegúrate de que esta información se presente de manera clara y concisa, y que sea fácilmente accesible desde cada página de producto. Además, no olvides incluir llamadas a la acción claras para guiar a los clientes hacia el siguiente paso, ya sea agregar un producto al carrito, seguir comprando o proceder al pago.

c. Mantener la coherencia de diseño

Mantén un diseño coherente para fortalecer tu marca. Esto significa utilizar los mismos colores, fuentes y estilos gráficos en todas tus páginas. La coherencia de diseño puede ayudar a crear una experiencia del usuario fluida, fortalecer el reconocimiento de tu marca y establecer una conexión emocional con tus clientes. Además, un diseño coherente puede hacer que tu tienda parezca más profesional y digna de confianza.

d. Optimizar para dispositivos móviles

Con el aumento del comercio móvil, es esencial optimizar tu tienda para dispositivos móviles. Asegúrate de que tu tema sea receptivo, es decir, que se ajuste automáticamente al tamaño de la pantalla del usuario. Además, asegúrate de que los elementos interactivos, como botones y enlaces, sean lo suficientemente grandes y espaciados como para ser fáciles de usar en una pantalla táctil.

e. Probar y ajustar regularmente

Por último, no olvides que la personalización de tu tema es un proceso continuo. Prueba regularmente tu tienda para asegurarte de que funcione correctamente y ofrezca una buena experiencia al usuario. Utiliza herramientas de análisis para seguir el comportamiento de los usuarios, identificar problemas y oportunidades, y realizar ajustes en consecuencia.

5. Conclusión

Elegir y personalizar un tema es un paso importante pero emocionante en la creación de tu tienda Shopify. Con el tema adecuado, puedes crear una tienda atractiva que refleje tu marca, satisfaga las necesidades de tus clientes y ayude a aumentar tus ventas. Es una oportunidad única para dar vida a tu visión y crear una experiencia de compra en línea que no solo sea funcional, sino también memorable y atractiva.

Un tema bien elegido y personalizado puede marcar la diferencia entre una tienda que convierte y una que no lo hace. Puede ayudar a crear una primera impresión positiva, fortalecer tu marca y facilitar la navegación para tus clientes. También puede mejorar la experiencia del usuario al hacer que tu tienda sea fácil de navegar y resaltar tus productos de manera atractiva.

Sin embargo, la elección y personalización de un tema no son tareas que deban tomarse a la ligera. Requieren reflexión estratégica, una comprensión clara de tu público objetivo y objetivos comerciales, y la disposición de experimentar y optimizar en función de la retroalimentación de tus clientes y el rendimiento de tu tienda.

En última instancia, el tema perfecto para tu tienda Shopify es aquel que te ayuda a contar la historia de tu marca, involucra a tus clientes y los alienta a regresar una y otra vez. Así que tómate el tiempo para elegir sabiamente, personalizar con cuidado y probar regularmente. Tu tienda Shopify es el reflejo de tu negocio en línea, y un tema bien elegido y personalizado puede ayudarte a destacar.

CAPÍTULO 9: CÓMO OPTIMIZAR TU TIENDA SHOPIFY PARA EL SEO

1. Introducción a la optimización SEO para Shopify

L a optimización para motores de búsqueda, comúnmente conocida como SEO (Search Engine Optimization), es un componente esencial para cualquier tienda en línea, incluyendo aquellas alojadas en Shopify. El SEO comprende una serie de técnicas y estrategias utilizadas para mejorar la visibilidad de un sitio web en los resultados de motores de búsqueda como Google, Bing o Yahoo. El objetivo es atraer tráfico de calidad, es decir, visitantes interesados activamente en los productos o servicios que ofreces.

En un entorno digital cada vez más competitivo, una sólida estrategia de SEO puede marcar la diferencia entre una tienda en línea próspera y otra que lucha por atraer y retener clientes. Una tienda bien optimizada para el SEO puede llevar a un aumento significativo en el tráfico orgánico, es decir, visitantes que llegan a tu sitio después de realizar una búsqueda en un motor de búsqueda, y potencialmente a un aumento en las ventas.

Shopify, como plataforma líder en comercio electrónico, comprende la importancia del SEO para el éxito de sus usuarios. Es por eso que la plataforma ofrece una variedad de herramientas y funciones integradas para ayudarte a optimizar tu tienda para el SEO. Estas herramientas van desde la edición de etiquetas de título y descripciones, hasta la personalización de URL, y la generación automática de mapas del sitio. Además, Shopify también ofrece una gama de aplicaciones de terceros que pueden ayudarte a profundizar aún más en tu optimización SEO.

Es importante tener en cuenta que el SEO no es un proceso único, sino más bien una estrategia a largo plazo que requiere seguimiento y ajustes regulares. Los algoritmos de los motores de búsqueda evolucionan constantemente, por lo que es crucial mantenerse al día con las mejores prácticas de SEO para asegurar una visibilidad continua de tu tienda en línea.

◆ ◆ ◆

2.   Importancia del SEO para tu tienda Shopify

El SEO es de vital importancia para tu tienda Shopify por varias razones. En primer lugar, una estrategia de SEO efectiva puede aumentar significativamente la cantidad de tráfico que recibes desde los motores de búsqueda. Cuanto más alto aparezcas en los resultados de búsqueda, más probable es que atraigas visitantes a tu tienda. Esto puede llevar a un aumento significativo en la cantidad de clientes potenciales que descubren tus productos.

Pero el SEO no solo se trata de aumentar la cantidad de tráfico, también mejora la calidad de ese tráfico. Los usuarios que encuentran tu tienda a través de una búsqueda orgánica suelen estar más comprometidos y son más propensos a realizar una compra, ya que estaban buscando activamente un producto que tú vendes. En otras palabras, el SEO te ayuda a atraer visitantes que ya están interesados en lo que tienes para ofrecer, lo que aumenta tus posibilidades de conversión.

Además, el SEO es una estrategia a largo plazo que puede proporcionar beneficios duraderos para tu tienda. A diferencia de la publicidad pagada, que solo genera tráfico mientras sigas pagando, los esfuerzos que dedicas al SEO pueden seguir dando sus frutos durante meses o incluso años. Una vez que logras un buen posicionamiento en los resultados de búsqueda, puedes continuar atrayendo tráfico orgánico sin tener que gastar dinero adicional.

Por último, es importante destacar que el SEO también puede contribuir a la credibilidad y confianza en tu marca. Los usuarios tienden a confiar en los sitios que aparecen en los primeros resultados de búsqueda, por lo que estar bien posicionado para palabras clave relevantes puede ayudar a fortalecer la reputación de tu tienda.

En resumen, el SEO es un componente esencial de cualquier estrategia de comercio electrónico exitosa. Puede ayudarte a atraer más visitantes, mejorar la calidad de tu tráfico, fortalecer la confianza en tu marca y garantizar el crecimiento a largo plazo de tu tienda Shopify.

◆ ◆ ◆

3.   *Cómo agregar palabras clave para el SEO en Shopify*

L a incorporación de palabras clave es un paso fundamental en la optimización SEO. Las palabras clave son los términos que los usuarios ingresan en los motores de búsqueda cuando buscan un producto o servicio. Son esenciales para ayudar a los motores de búsqueda a comprender el contenido de tu sitio y determinar cuándo debe aparecer en los resultados de búsqueda.

Para agregar palabras clave a tu tienda Shopify, debes integrarlas en varios elementos de tu sitio. Aquí te explicamos cómo hacerlo:

a. Títulos de productos

Los títulos de tus productos son uno de los primeros lugares donde debes incluir tus palabras clave. Los motores de búsqueda les dan mucho peso y a menudo son lo primero que los usuarios ven en los resultados de búsqueda.

b. Descripciones de productos

Las descripciones de tus productos son otra oportunidad importante para incluir palabras clave. Intenta incorporar naturalmente tus palabras clave en descripciones detalladas e informativas que proporcionen valor real a los usuarios.

c. Etiquetas meta

Las etiquetas meta, que incluyen títulos y descripciones, son otro elemento clave para la optimización de palabras clave. Aparecen en el código de tu sitio y en los resultados de búsqueda, y pueden ayudar a mejorar tu visibilidad.

d. URL

Las URL de tus páginas de productos también pueden optimizarse con palabras clave. Una URL descriptiva y rica en palabras clave puede ayudar a los motores de búsqueda y a los usuarios a comprender de qué trata la página.

e. Texto alternativo de las imágenes

Los motores de búsqueda no pueden "ver" las imágenes, por lo que dependen del texto alternativo para comprender lo que representan. Asegúrate de incluir textos alternativos descriptivos con tus palabras clave para ayudar a los motores de búsqueda a comprender el contenido de las imágenes.

Cuando elijas y utilices palabras clave, asegúrate de que sean relevantes para los productos que vendes. Utiliza herramientas de investigación de palabras clave para encontrar términos con un alto volumen de búsqueda pero una competencia baja o moderada.

Además, intenta utilizar palabras clave de cola larga, que son frases de tres palabras o más que son muy específicas para lo que vendes. Este tipo de palabras clave suele ser menos competitivo y puede ayudarte a dirigirte a nichos específicos.

En resumen, agregar palabras clave es un paso esencial en la optimización SEO en Shopify. Al integrar estratégicamente palabras clave relevantes en tu tienda, puedes mejorar tu visibilidad en los motores de búsqueda y atraer a más clientes potenciales.

4.   Optimización del sitio web para el SEO

L a optimización de tu sitio web para el SEO es un proceso multifacético que va más allá de la inclusión de palabras clave. Se trata de crear un sitio que no solo sea amigable para los motores de búsqueda, sino también útil y atractivo para los visitantes reales de tu sitio. Aquí hay algunos aspectos clave de la optimización del sitio web para el SEO:

a. Navegación fácil

Un sitio bien estructurado y fácil de navegar es esencial para una buena experiencia del usuario, lo que puede tener un impacto positivo en tu clasificación SEO. Esto significa tener una jerarquía de sitio clara, menús intuitivos y enlaces internos que ayuden a los usuarios a encontrar lo que están buscando. Además, una buena navegación ayuda a los motores de búsqueda a comprender e indexar tu sitio de manera más eficiente.

b. Velocidad del sitio

La velocidad de carga de tu sitio web es un factor importante para Google. Los sitios que cargan rápidamente ofrecen una mejor experiencia al usuario y, por lo tanto, son favorecidos por los motores de búsqueda. Puedes optimizar la velocidad de tu sitio reduciendo el tamaño de las imágenes, minimizando el código CSS y JavaScript, y utilizando un tema Shopify rápido y bien codificado.

c. Compatibilidad móvil

Con el aumento en el uso de dispositivos móviles, gran parte de las búsquedas en línea se realizan en estos dispositivos. Google ha adoptado la indexación móvil en primer lugar, lo que significa que considera la versión móvil de tu sitio para la clasificación.

Asegúrate de que tu sitio sea responsive, es decir, que se adapte bien a todos los tipos de pantallas, y ofrezca una experiencia de usuario de calidad en dispositivos móviles.

d. Optimización de imágenes

Las imágenes pueden desempeñar un papel importante en el SEO. Asegúrate de que sean de alta calidad, pero también optimizadas para la web (tamaño de archivo reducido, formato adecuado). No olvides agregar etiquetas alt descriptivas que contengan tus palabras clave para ayudar a los motores de búsqueda a comprender lo que representan las imágenes.

e. Contenido de calidad

El contenido de tu sitio debe ser de alta calidad, relevante y útil para tus visitantes. Esto incluye descripciones de productos, artículos de blog, guías, etc. Un buen contenido puede ayudarte a posicionarte como una autoridad en tu industria, atraer y retener visitantes, y mejorar tu clasificación SEO.

En resumen, la optimización de tu sitio web para el SEO es un proceso complejo que requiere atención a muchos detalles. Sin embargo, al tomarte el tiempo necesario para hacer las cosas correctamente, puedes mejorar la visibilidad de tu tienda Shopify, ofrecer una mejor experiencia a tus usuarios y, en última instancia, aumentar tus ventas.

◆ ◆ ◆

5.   Checklist SEO para tiendas en línea en Shopify

Optimizar tu tienda Shopify para el SEO puede parecer una tarea abrumadora, pero desglosando el proceso en pasos manejables, puedes hacer que tu sitio sea más visible para los motores de búsqueda. Aquí tienes una lista detallada para ayudarte a empezar:

a. Utiliza palabras clave relevantes

Incorpora palabras clave pertinentes en los títulos de tus productos, descripciones, URL y etiquetas alt de las imágenes. Estas palabras clave deben reflejar lo que los posibles clientes podrían usar para buscar los productos que ofreces.

b. Asegúrate de que tu sitio sea fácil de navegar

Una estructura de sitio clara y una navegación intuitiva son esenciales para ayudar a los usuarios y a los motores de búsqueda a encontrar lo que buscan. Esto incluye el uso de menús claros, enlaces internos y una jerarquía de sitio lógica.

c. Optimiza la velocidad de tu sitio

Los motores de búsqueda favorecen los sitios web que se cargan rápidamente. Puedes optimizar la velocidad de tu sitio comprimiendo imágenes, minimizando el código CSS y JavaScript, y eligiendo un tema Shopify diseñado para la velocidad.

d. Haz que tu sitio sea compatible con dispositivos móviles

Cada vez más personas compran en dispositivos móviles. Asegúrate de que tu sitio sea responsive, es decir, que se adapte bien a todos los tipos de pantallas, y ofrezca una experiencia de usuario de calidad en dispositivos móviles.

e. Utiliza etiquetas meta únicas para cada página

Las etiquetas meta, que incluyen títulos y descripciones, se muestran en los resultados de búsqueda y pueden influir en la tasa de clics. Cada página de tu sitio debe tener etiquetas meta únicas que describan con precisión el contenido de la página.

f. Agrega un sitemap a tu tienda Shopify

Un sitemap ayuda a Google a comprender la estructura de tu sitio y a indexar tus páginas correctamente. Shopify genera automáticamente un sitemap para tu tienda, pero debes enviarlo a Google Search Console para que sea tenido en cuenta.

g. Utiliza Google Analytics para seguir tu rendimiento SEO

Google Analytics es una herramienta poderosa que puede ayudarte a entender cómo los usuarios interactúan con tu sitio y dónde hay oportunidades de mejora. Úsala para seguir tus clasificaciones de palabras clave, el tráfico orgánico, el comportamiento de los usuarios y mucho más.

Siguiendo esta lista, puedes asegurarte de que estás cubriendo los aspectos básicos de la optimización SEO para tu tienda Shopify. Recuerda que el SEO es un proceso continuo, por lo que es importante monitorear regularmente tu rendimiento y realizar ajustes según sea necesario.

6. Conclusión

L a optimización para motores de búsqueda, o SEO, no es una tarea que puedas marcar como completada una vez que esté terminada. Es un proceso continuo que requiere atención constante, seguimiento y ajustes regulares para mantenerse efectivo. Los algoritmos de los motores de búsqueda evolucionan constantemente, y los comportamientos de búsqueda de los usuarios también cambian con el tiempo. Esto significa que debes mantener la vigilancia y estar listo para adaptar tu estrategia de SEO en consecuencia.

Sin embargo, a pesar del trabajo y el compromiso que requiere, la optimización SEO es una inversión que vale la pena. Al tomarte el tiempo para optimizar tu tienda Shopify para el SEO, puedes mejorar tu visibilidad en los motores de búsqueda, lo que puede llevar a un aumento significativo en el tráfico hacia tu sitio. Y no se trata de cualquier tráfico, sino de tráfico cualificado, compuesto por personas que están activamente interesadas en lo que tienes para ofrecer.

Una mayor visibilidad y tráfico cualificado pueden traducirse en un aumento de las ventas y los ingresos para tu tienda Shopify. Pero más all que eso, una estrategia sólida de SEO también puede contribuir a la credibilidad y confianza en tu marca. Los usuarios tienden a confiar en los sitios que aparecen en la parte superior de los resultados de búsqueda, y tener un buen ranking para palabras clave relevantes puede ayudar a fortalecer la reputación de tu tienda.

En última instancia, la optimización SEO es un componente fundamental de cualquier estrategia exitosa de comercio electrónico. Al invertir en SEO, estás invirtiendo en visibilidad a largo plazo y en el éxito de tu tienda Shopify.

◆ ◆ ◆

CAPÍTULO 10: CONFIGURACIÓN DE GOOGLE ANALYTICS Y FACEBOOK PIXEL PARA TU TIENDA SHOPIFY

E n el mundo del comercio electrónico, el conocimiento es poder. Para tener éxito, es esencial comprender quiénes son tus clientes, cómo interactúan con tu tienda en línea y qué factores influyen en sus decisiones de compra. Aquí es donde entran en juego Google Analytics y Facebook Pixel (ahora llamado Meta Pixel).

La configuración de Google Analytics y Meta Pixel es un paso crucial para optimizar tu tienda Shopify. Estas poderosas herramientas te permiten rastrear y analizar el comportamiento de los visitantes en tu sitio. Recopilan datos valiosos que te ofrecen una visión de quiénes son tus clientes, cómo navegan por tu sitio, qué productos consultan y, sobre todo, qué los impulsa a realizar una compra.

Esta información es fundamental para mejorar tu tienda y aumentar tus ventas. Por ejemplo, al comprender cuáles son los productos más populares, puedes destacar estos artículos en tu página de inicio para atraer a más clientes. De igual manera, al analizar el recorrido de navegación de tus clientes, puedes identificar posibles obstáculos para la conversión y trabajar en eliminarlos para facilitar el proceso de compra.

Pero eso no es todo. Google Analytics y Meta Pixel también ofrecen funciones avanzadas, como seguimiento de conversiones y retargeting, que pueden ayudarte a afinar tu estrategia de marketing y llegar a tus clientes de manera más efectiva.

En este capítulo, te guiaré a través de los pasos para configurar Google Analytics y Meta Pixel para tu tienda Shopify. Cubriremos todo, desde la creación de tu cuenta hasta la configuración de eventos de seguimiento. Así que prepárate para sumergirte en el fascinante mundo del análisis de datos y descubre cómo estas herramientas pueden impulsar tu tienda Shopify hacia nuevas alturas.

1. Configuración de Google Analytics

a. Creación de una cuenta de Google Analytics

Antes de sumergirte en el rico y detallado mundo de los datos de tu sitio web, el primer paso es crear una cuenta de Google Analytics, si aún no la tienes. Google Analytics es un servicio gratuito que te permite rastrear el tráfico de tu sitio web y analizar el comportamiento de los visitantes.

Para crear una cuenta, visita el sitio web de Google Analytics. Serás recibido por una interfaz amigable que te guiará a lo largo del proceso de creación de la cuenta. Deberás proporcionar información básica, como tu dirección de correo electrónico y el nombre de tu empresa. También deberás aceptar los términos de uso de Google Analytics.

Una vez que hayas creado tu cuenta, Google te proporcionará un ID de seguimiento único. Este ID es esencial, ya que vincula tu sitio web a tu cuenta de Google Analytics y permite el seguimiento de datos. Deberás copiar este ID de seguimiento y pegarlo en la configuración de tu tienda Shopify, pero abordaremos este paso con más detalle más adelante.

La creación de una cuenta de Google Analytics es un paso sencillo pero crucial para comprender y optimizar el comportamiento de los visitantes en tu tienda Shopify. Con tu cuenta en funcionamiento, estarás listo para comenzar a recopilar datos y utilizar esta información para mejorar tu tienda y aumentar tus ventas.

b. Agregar tu tienda Shopify a Google Analytics

Una vez que hayas creado tu cuenta de Google Analytics, el siguiente paso es agregar tu tienda Shopify a Google Analytics. Este paso es esencial porque permite que Google Analytics comience a recopilar datos sobre el comportamiento de los visitantes en tu tienda.

Para agregar tu tienda Shopify a Google Analytics, debes copiar el ID de seguimiento de Google Analytics. Este ID de seguimiento es un código único que identifica tu cuenta de Google Analytics. Lo encontrarás en la configuración de tu cuenta de Google Analytics, en la sección "Información de seguimiento".

Una vez que hayas copiado tu ID de seguimiento, debes pegarlo en la configuración de tu tienda Shopify. Para hacerlo, inicia sesión en tu cuenta de Shopify y ve a la sección "Preferencias en línea" de tus ajustes. Aquí, verás un campo titulado "Google Analytics". Pega tu ID de seguimiento en este campo y haz clic en "Guardar".

Al agregar tu tienda Shopify a Google Analytics, permites que Google comience a recopilar datos sobre el comportamiento de los visitantes en tu tienda. Estos datos pueden proporcionarte información valiosa sobre quiénes son tus clientes, cómo navegan por tu sitio, qué productos consultan y, sobre todo, qué los impulsa a realizar una compra. Estos datos pueden ayudarte a mejorar tu tienda, optimizar tu estrategia de marketing y, en última instancia, aumentar tus ventas.

c. Activación del seguimiento de comercio electrónico

El seguimiento de comercio electrónico es una característica poderosa de Google Analytics que te permite rastrear y analizar las ventas y transacciones en tu tienda Shopify. Al activar esta función, puedes obtener información detallada sobre los productos que tus clientes compran, la cantidad de transacciones realizadas, los ingresos generados por esas transacciones y mucho más.

Para activar el seguimiento de comercio electrónico, debes acceder a la configuración de tu cuenta de Google Analytics. Una vez que estés en tus ajustes, busca la sección "Información de seguimiento". En esta sección, encontrarás una opción llamada "Seguimiento de comercio electrónico". Haz clic en esta opción para activarla.

Una vez que hayas activado el seguimiento de comercio electrónico, Google Analytics comenzará a recopilar datos sobre las ventas y transacciones en tu tienda Shopify. Estos datos pueden proporcionarte información valiosa que puede ayudarte a comprender cuáles son los productos más populares, cuáles son los comportamientos de compra de tus clientes y cómo puedes optimizar tu tienda para aumentar las ventas y los ingresos.

Es importante tener en cuenta que el seguimiento de comercio electrónico no comienza de inmediato después de su activación. Puede llevar algún tiempo antes de que Google Analytics comience a recopilar datos. Sin embargo, una vez que los datos comiencen a fluir, tendrás acceso a una fuente de información que puede ayudarte a mejorar tu tienda y aumentar tus ventas.

d. Configuración de objetivos

Los objetivos en Google Analytics son acciones específicas que deseas que los visitantes de tu sitio realicen. Estas acciones pueden ser tan simples como visitar una página específica o tan complejas como comprar un producto. Al configurar objetivos, puedes realizar un seguimiento de estas acciones y obtener información valiosa sobre el comportamiento de los usuarios en tu sitio.

Para configurar objetivos, debes acceder a la configuración de tu cuenta de Google Analytics. Una vez en la configuración, busca la sección "Objetivos". Aquí, puedes crear nuevos objetivos haciendo clic en el botón "+ Nuevo objetivo".

Al crear un objetivo, deberás proporcionar cierta información. Primero, debes darle un nombre a tu objetivo. Elije un nombre que describa claramente la acción que deseas rastrear. Luego, debes seleccionar el tipo de objetivo. Google Analytics ofrece varios tipos de objetivos, como destinos (por ejemplo, cuando un visitante llega a una página específica), duración (por ejemplo, cuando un visitante pasa cierto tiempo en tu sitio), páginas/pantallas por sesión (por ejemplo, cuando un visitante ve un cierto número de páginas) y eventos (por ejemplo, cuando un visitante realiza una acción específica como comprar un producto).

Una vez que hayas elegido el tipo de objetivo, debes configurar los detalles del objetivo. Por ejemplo, si eliges un objetivo de destino, deberás proporcionar la URL de la página que deseas que los visitantes alcancen. Si eliges un objetivo de evento, deberás proporcionar los detalles del evento que deseas rastrear.

La configuración de objetivos en Google Analytics puede parecer complicada, pero es esencial para comprender el comportamiento de los usuarios en tu sitio. Al realizar un seguimiento de las acciones específicas que deseas que los visitantes realicen, puedes obtener información valiosa que puede ayudarte a optimizar tu tienda y aumentar tus ventas.

◆ ◆ ◆

2.   Configuración de Facebook Pixel

a.   Creación de un Píxel Meta

El Píxel Meta, anteriormente conocido como Facebook Pixel, es una herramienta de seguimiento que te permite medir la eficacia de tus anuncios, comprender las acciones que las personas realizan en tu sitio web y dirigir tus anuncios de manera más precisa. El primer paso para usar el Píxel Meta es crearlo en el Administrador de anuncios de Facebook.

Para crear un Píxel Meta, inicia sesión en tu cuenta de Administrador de anuncios de Facebook. Una vez dentro, busca el menú "Medición y informes" y selecciona "Administrador de eventos". En el Administrador de eventos, verás una opción para "Conectar fuentes de datos". Haz clic en esta opción y selecciona "Web". A continuación, se te pedirá que elijas entre varias opciones de fuente de datos, incluido el Píxel Meta.

Una vez que hayas seleccionado el Píxel Meta, se te guiará a través del proceso de creación del Píxel. Deberás darle un nombre a tu Píxel, lo cual puede ser útil si gestionas varios Píxeles. Intenta elegir un nombre que refleje el uso previsto para este Píxel, por ejemplo, "Píxel de la tienda Shopify".

A continuación, deberás ingresar la URL de tu sitio web. Esto permite que Facebook verifique que el Píxel se pueda instalar correctamente en tu sitio. Una vez que hayas ingresado esta información, puedes hacer clic en "Continuar" para crear tu Píxel.

La creación de un Píxel Meta es un paso fundamental para aprovechar al máximo tus esfuerzos de marketing en Facebook. Con un Píxel Meta en su lugar, puedes realizar un seguimiento de las acciones que las personas realizan en tu sitio después de ver tus anuncios de Facebook, y puedes utilizar esta información para refinar tus anuncios y dirigirte a tu audiencia de manera más precisa.

b.   Agregar tu Píxel Meta a tu tienda Shopify

Una vez que hayas creado tu Píxel Meta, el siguiente paso es integrarlo en tu tienda Shopify. Este es un paso esencial que permite que Meta comience a recopilar datos sobre las interacciones de los usuarios con tu tienda. Esta información puede usarse para optimizar tus campañas publicitarias, mejorar la orientación de tus anuncios y aumentar la eficacia de tus esfuerzos de marketing.

Para agregar tu Píxel Meta a tu tienda Shopify, primero debes copiar el ID de tu Píxel. Puedes encontrar este ID en el Administrador de eventos de tu cuenta de Administrador de anuncios de Facebook. Es un código numérico único que identifica tu Píxel Meta.

Una vez que hayas copiado el ID de tu Píxel, inicia sesión en tu cuenta de Shopify. En el panel de control de Shopify, ve a la sección "Preferencias" en la configuración de tu tienda. Aquí, encontrarás una sección llamada "Píxel de Facebook". Pega el ID de tu Píxel en el campo correspondiente y haz clic en "Guardar".

Al agregar tu Píxel Meta a tu tienda Shopify, permites que Meta comience a recopilar datos sobre el comportamiento de los usuarios de tu tienda. Estos datos pueden proporcionarte información valiosa sobre las acciones que los usuarios realizan después de ver tus anuncios, los productos que consultan y las transacciones que realizan. Esta información puede usarse para refinar tus campañas publicitarias, mejorar la orientación de tus anuncios y, en última instancia, aumentar el retorno de la inversión de tus esfuerzos de marketing.

c. Configuración de eventos

Los eventos en el contexto del Píxel Meta son acciones específicas que los visitantes realizan en tu sitio web. Estas acciones pueden ser tan simples como visitar una página específica o tan complejas como agregar un producto al carrito o comprar un producto. Al configurar eventos, puedes realizar un seguimiento de estas acciones y obtener información valiosa sobre el comportamiento de los usuarios en tu sitio.

Para configurar eventos, debes acceder al Administrador de eventos de tu cuenta de Administrador de anuncios de Facebook. En el Administrador de eventos, encontrarás una sección llamada "Fuentes de datos". Aquí es donde puedes ver todos tus Píxeles Meta y configurar eventos para cada uno de ellos.

Cuando configures un evento, primero deberás elegir el tipo de evento que deseas rastrear. Meta ofrece una variedad de eventos predefinidos que puedes elegir, como "Ver contenido", "Agregar al carrito", "Comprar" y muchos más. Cada evento corresponde a una acción específica que los usuarios pueden realizar en tu sitio.

Una vez que hayas elegido el tipo de evento, deberás configurar los detalles del evento. Por ejemplo, si eliges el evento "Ver contenido", deberás especificar qué contenido deseas rastrear, como una página de producto específica o una categoría de productos.

La configuración de eventos en el Píxel Meta puede parecer complicada, pero es esencial para comprender el comportamiento de los usuarios en tu sitio. Al realizar un seguimiento de las acciones específicas que deseas que los usuarios realicen, puedes obtener información valiosa que puede ayudarte a optimizar tu tienda, afinar tus campañas publicitarias y, en última instancia, aumentar tus ventas.

d. Uso del Píxel para el retargeting

El retargeting es una estrategia de marketing poderosa que te permite mostrar anuncios a personas que ya han visitado tu sitio o interactuado con tus productos. Es una forma efectiva de recordar a tus visitantes los productos que han visto o agregado a su carrito y motivarlos a regresar a tu sitio para realizar una compra. El Píxel Meta juega un papel crucial en el retargeting al permitirte seguir a los visitantes de tu sitio y orientar tus anuncios en función de su comportamiento.

Para utilizar el Píxel Meta para el retargeting, primero debes configurar eventos de retargeting en el Administrador de eventos de tu cuenta de Administrador de anuncios de Facebook. Estos eventos pueden incluir acciones como visitar una página de producto, agregar un producto al carrito o suscribirse a un boletín informativo.

Una vez que hayas configurado tus eventos de retargeting, puedes crear audiencias personalizadas basadas en estos eventos. Por ejemplo, puedes crear una audiencia de personas que han agregado un producto a su carrito pero no han realizado una compra. Luego, puedes dirigir tus anuncios a esta audiencia para alentarlos a regresar a tu sitio y completar su compra.

Además de crear audiencias basadas en eventos específicos, también puedes utilizar el Píxel Meta para crear audiencias similares. Estas audiencias están compuestas por personas que comparten características similares con tu audiencia existente, lo que te permite ampliar tu alcance y atraer a nuevos clientes potenciales.

El uso del Píxel Meta para el retargeting puede mejorar significativamente la eficacia de tus campañas publicitarias. Al dirigir tus anuncios a personas que ya han mostrado interés en tus productos, puedes aumentar tus posibilidades de conversión y maximizar el retorno de la inversión de tus esfuerzos de marketing.

3. Conclusión

L a configuración de Google Analytics y el Píxel Meta es mucho más que un simple paso técnico en el establecimiento de tu tienda Shopify. Es un enfoque estratégico que te abre las puertas a una comprensión profunda de tus clientes y sus comportamientos. Estas herramientas te proporcionan datos valiosos que pueden transformar la forma en que gestionas tu tienda y te relacionas con tus clientes.

Al analizar el comportamiento de los visitantes de tu sitio, puedes descubrir tendencias, identificar oportunidades y detectar posibles problemas. Esta información puede ayudarte a mejorar la experiencia del usuario en tu tienda, optimizar tus productos y páginas, y aumentar tus ventas.

Además, Google Analytics y el Píxel Meta te brindan la capacidad de realizar un seguimiento de la eficacia de tus esfuerzos de marketing. Ya sea que estés lanzando una nueva campaña publicitaria o probando diferentes estrategias de SEO, estas herramientas pueden proporcionarte información valiosa que te ayudará a afinar tus esfuerzos y maximizar tu retorno de la inversión.

Siguiendo los pasos descritos en este capítulo, puedes configurar Google Analytics y el Píxel Meta para tu tienda Shopify. Sin embargo, la configuración de estas herramientas es solo el comienzo. Para aprovechar al máximo sus beneficios, debes analizar regularmente los datos que proporcionan, probar diferentes estrategias y ajustar tus esfuerzos en función de los resultados.

En última instancia, Google Analytics y el Píxel Meta son herramientas poderosas que pueden ayudarte a comprender a tus clientes, mejorar tu tienda y aumentar tus ventas. Al utilizarlos estratégicamente, puedes transformar tu tienda

Shopify en un negocio de comercio electrónico próspero y rentable.

CAPÍTULO 11: CÓMO CREAR UNA ESTRATEGIA DE MARKETING PARA TU TIENDA DE SHOPIFY

1. Paso 1: Análisis de la situación

Antes de poder desarrollar una estrategia de marketing efectiva, debes comprender tu situación actual. Este paso, a menudo llamado análisis FODA (Fortalezas, Debilidades, Oportunidades, Amenazas), te permite evaluar tus fortalezas, debilidades, las oportunidades disponibles y las posibles amenazas.

a. Análisis del mercado objetivo

Es crucial comprender quiénes son tus posibles clientes. ¿Cuáles son sus edades, intereses y hábitos de compra? ¿Qué tipos de productos están buscando? ¿Cuáles son sus necesidades y deseos? Esta comprensión te ayudará a dirigir tus esfuerzos de marketing de manera más efectiva.

b. Análisis de la competencia

En el mundo del dropshipping, la competencia puede ser feroz.

¿Quiénes son tus principales competidores? ¿Qué productos ofrecen? ¿Cómo comercializan sus productos? ¿Cuáles son sus fortalezas y debilidades? Un análisis exhaustivo de la competencia puede ayudarte a identificar oportunidades para destacarte.

c. Evaluación de tus propias fortalezas y debilidades

Como tienda de Shopify, ¿cuáles son tus puntos fuertes? Puede ser que tengas una excelente selección de productos, un servicio al cliente excepcional o experiencia en tu nicho. Por otro lado, ¿cuáles son tus debilidades? Tal vez te resulta difícil generar tráfico hacia tu tienda o mejorar la tasa de conversión. Una evaluación honesta de tus fortalezas y debilidades puede ayudarte a determinar dónde enfocar tus esfuerzos de marketing.

d. Examen de factores externos

Por último, es importante tener en cuenta cualquier factor externo que pueda afectar a tu negocio. Esto puede incluir tendencias del mercado, cambios en regulaciones, avances tecnológicos o incluso eventos globales. Por ejemplo, la pandemia de COVID-19 tuvo un impacto significativo en el comercio electrónico, con un aumento en las compras en línea y cambios en los comportamientos de compra de los consumidores.

En resumen, el análisis de la situación es un paso crucial en la creación de tu estrategia de marketing. Te proporciona una visión general de tu situación actual y te ayuda a identificar las oportunidades y desafíos que podrías enfrentar.

◆ ◆ ◆

2.   Paso 2: Definir tu público objetivo

La definición de tu público objetivo es un paso crucial en la creación de tu estrategia de marketing. En el contexto del dropshipping, esto significa comprender quiénes son tus clientes ideales, qué productos buscan, cómo les gusta comprar en línea y cómo puedes llegar a ellos de manera efectiva.

a. Identificación de los clientes ideales

Tus clientes ideales son aquellos que tienen más probabilidades de estar interesados en los productos que ofreces. Pueden definirse en función de diversos criterios, como edad, género, ubicación geográfica, intereses, comportamiento de compra y más. Por ejemplo, si vendes ropa deportiva, tu público objetivo podría ser personas interesadas en la fitness y el bienestar.

b. Comprender las necesidades y deseos de los clientes

¿Qué tipos de productos están buscando tus clientes? ¿Cuáles son sus necesidades y deseos? Comprender esto puede ayudarte a seleccionar los productos adecuados para vender, definir tus mensajes de marketing y crear una experiencia de compra que satisfaga las expectativas de tus clientes.

c. Comprender los hábitos de compra en línea

¿Cómo le gusta a tu público objetivo hacer sus compras en línea? ¿Prefieren comprar en plataformas de comercio electrónico como Amazon o comprar directamente en los sitios web de las marcas? ¿Qué métodos de pago prefieren utilizar? ¿Qué factores influyen en sus decisiones de compra (como opiniones de clientes, envío gratuito, promociones)? Comprender estos hábitos puede ayudarte a optimizar tu tienda de Shopify para adaptarse a las preferencias de tus clientes.

d. Llegar a tu público objetivo

Por último, ¿cómo puedes llegar de manera efectiva a tu público objetivo? ¿Qué canales de marketing son más propensos a utilizar? ¿Qué tipos de mensajes es probable que respondan? Por ejemplo, si tu público objetivo es joven y tecnológico, es posible que encuentres que las redes sociales son un canal de marketing eficaz.

En resumen, definir tu público objetivo te permite comprender quiénes son tus clientes, qué quieren y cómo puedes llegar a ellos. Esto te permite centrar tus esfuerzos de marketing en las personas más propensas a estar interesadas en tus productos, lo que puede aumentar la eficacia de tu marketing y mejorar el retorno de la inversión.

◆ ◆ ◆

3. Paso 3: Establecer tus objetivos de marketing

C ada iniciativa de marketing que emprendas debe estar guiada por un objetivo específico y medible. Esto puede ser a corto o largo plazo y puede tener como objetivo atraer nuevos clientes, fidelizar a los clientes existentes o aumentar las ventas de un producto específico en tu tienda de Shopify.

a. Objetivos a corto plazo

Los objetivos a corto plazo suelen centrarse en el aumento inmediato de las ventas y pueden incluir objetivos como aumentar el tráfico a tu sitio web, mejorar la tasa de conversión o aumentar las ventas de un producto específico. Estos objetivos a menudo se miden en un período de semanas o meses.

b. Objetivos a largo plazo

Los objetivos a largo plazo suelen centrarse en el crecimiento y la sostenibilidad de tu negocio. Pueden incluir objetivos como expandir tu gama de productos, ingresar a nuevos mercados o aumentar el valor de vida de tus clientes. Estos objetivos a menudo se miden en un período de varios meses o años.

c. Atraer nuevos clientes

Uno de los objetivos más comunes para las empresas de dropshipping es atraer nuevos clientes. Esto puede implicar estrategias como SEO, publicidad de pago, marketing en redes sociales y más.

d. Fidelizar a los clientes existentes

A menudo es más rentable retener a los clientes existentes que atraer nuevos. Puedes buscar aumentar la frecuencia de compra, el tamaño promedio de los pedidos o la tasa de retención de clientes.

e. Aument m. Aumentar las ventas de un producto específico

Si tienes un producto que se vende especialmente bien o que deseas promocionar, puedes establecer un objetivo de marketing específico para aumentar las ventas de ese producto.

En resumen, establecer objetivos de marketing claros y medibles es un paso esencial en la creación de tu estrategia de marketing. Estos objetivos te brindan una dirección clara y te permiten medir la efectividad de tus esfuerzos de marketing.

◆ ◆ ◆

4.   Paso 4: Elegir tus canales de marketing

Existen numerosos canales de marketing que puedes utilizar para promocionar tu tienda de Shopify de dropshipping. La elección de los canales a utilizar dependerá de tus objetivos, tu público objetivo y tu presupuesto. Aquí tienes una descripción más detallada de algunos canales de marketing populares.

a. Publicidad de pago

La publicidad de pago, como Google Ads o Facebook Ads, puede ser una forma efectiva de atraer tráfico rápidamente a tu tienda. Sin embargo, puede ser costosa, especialmente si estás en un nicho altamente competitivo. Es importante supervisar cuidadosamente el retorno de la inversión de tus anuncios pagados para asegurarte de que sean rentables.

b. Marketing de contenidos

El marketing de contenidos, como la redacción de artículos de blog o la creación de videos, puede ser una forma efectiva de atraer visitantes a tu tienda y convertirlos en clientes. El marketing de contenidos también puede ayudar a mejorar tu SEO, lo que puede aumentar tu visibilidad en los motores de búsqueda.

c. Redes sociales

Las redes sociales, como Facebook, Instagram y Twitter, pueden ser canales de marketing efectivos, especialmente si tu público objetivo es activo en estas plataformas. Puedes utilizar las redes sociales para promocionar tus productos, interactuar con tu público y proporcionar servicio al cliente.

d. Marketing por correo electrónico

El marketing por correo electrónico puede ser una forma muy rentable de fidelizar a tus clientes. Puedes utilizar el correo electrónico para informar a tus clientes sobre nuevos productos, ofrecer promociones especiales y más. Es importante asegurarte de que tus correos electrónicos aporten valor a tus clientes para evitar que se den de baja.

e. Asociaciones y colaboraciones

Trabajar con otras marcas o influenciadores puede ser una forma efectiva de llegar a un público más amplio. Esto puede incluir cosas como publicaciones patrocinadas en redes sociales, colaboraciones en productos o incluso eventos conjuntos.

En resumen, la elección de tus canales de marketing dependerá de muchos factores, incluidos tus objetivos, tu público objetivo y tu presupuesto. Es importante probar diferentes canales para ver cuáles son más efectivos para tu negocio.

◆ ◆ ◆

5.   Paso 5: Análisis del impacto

Una vez que hayas implementado tu estrategia de marketing, es importante analizar su impacto. Este análisis te permitirá comprender si tus esfuerzos de marketing son efectivos, dónde puedes realizar mejoras y cómo puedes optimizar tus iniciativas de marketing para obtener mejores resultados.

a. Seguimiento de KPIs

Los indicadores clave de rendimiento (KPIs) son medidas cuantitativas que te ayudan a evaluar la efectividad de tus esfuerzos de marketing. Esto puede incluir medidas como el tráfico del sitio web, la tasa de conversión, el costo por adquisición, el valor de vida del cliente y más. Es importante elegir KPIs que estén directamente relacionados con tus objetivos de marketing.

b. Análisis de datos

El análisis de datos de tu tienda de Shopify y tus campañas de marketing puede proporcionarte información valiosa sobre la efectividad de tus esfuerzos. Por ejemplo, puedes analizar los datos de Google Analytics para comprender cómo los visitantes interactúan con tu sitio web o los datos de tus campañas publicitarias para comprender qué mensajes son más efectivos.

c. Pruebas A/B

Las pruebas A/B pueden ser una forma efectiva de optimizar tus esfuerzos de marketing. Esto implica probar dos versiones diferentes de un elemento de marketing (como una página de producto, un anuncio o un correo electrónico) para ver cuál es más efectiva.

d. Retroalimentación de los clientes

La retroalimentación de tus clientes puede ser una fuente valiosa de información sobre la efectividad de tu marketing. Puedes recopilar retroalimentación a través de encuestas, comentarios en redes sociales o simplemente preguntando directamente a tus clientes lo que piensan.

En resumen, el análisis del impacto de tu marketing es un paso esencial para optimizar tus esfuerzos y obtener mejores resultados. Al seguir tus KPIs, analizar tus datos, realizar pruebas A/B y escuchar la retroalimentación de tus clientes, puedes mejorar continuamente tu marketing y alcanzar tus objetivos comerciales.

6. Paso 6: Revisión y ajuste

La creación de una estrategia de marketing para tu tienda de Shopify de dropshipping no es un proceso único, sino un esfuerzo continuo. A medida que tu negocio evoluciona, tus tácticas de marketing también deben evolucionar. Por lo tanto, es importante revisar regularmente tu estrategia de marketing y realizar los ajustes necesarios.

a. Revisión regular

Se recomienda revisar tu estrategia de marketing al menos una vez al trimestre. Esto te permite tener en cuenta los cambios en tu negocio, tu mercado o tu entorno competitivo. Por ejemplo, si lanzas un nuevo producto, es posible que debas ajustar tu estrategia de marketing para promocionarlo.

b. Ajuste según los resultados

Al revisar tu estrategia de marketing, es importante tener en cuenta los resultados de tus esfuerzos de marketing anteriores. Si algunas tácticas no están produciendo los resultados esperados, puede ser necesario ajustarlas o eliminarlas. Del mismo modo, si algunas tácticas son particularmente efectivas, es posible que desees asignar más recursos a ellas.

c. Experimentación e innovación

El mundo del marketing está en constante evolución, con nuevas tácticas y tecnologías que aparecen regularmente. Por lo tanto, es importante estar abierto a la experimentación y la innovación. Esto podría implicar probar nuevas plataformas de redes sociales, experimentar con la realidad aumentada o virtual, o probar nuevos enfoques de contenido o narrativa.

d. Formación y aprendizaje continuo

Para mantenerse al día con las últimas tendencias y tácticas de marketing, es importante comprometerse con la formación y el aprendizaje continuo. Esto podría incluir tomar cursos en línea, asistir a conferencias o webinarios, o leer libros y blogs sobre marketing.

En resumen, la revisión y ajuste de tu estrategia de marketing son pasos esenciales para asegurar el éxito continuo de tu tienda de Shopify de dropshipping. Al mantenerse flexible y receptivo, puedes garantizar que tu marketing siga siendo efectivo y esté alineado con tus objetivos comerciales.

Siguiendo estos pasos, puedes crear una estrategia de marketing efectiva que te ayude a alcanzar tus objetivos comerciales y hacer crecer tu tienda de Shopify de dropshipping.

7. Conclusiones

En este capítulo, hemos explorado los pasos clave para crear una estrategia de marketing efectiva para tu tienda de Shopify de dropshipping. Desde la comprensión de tu situación actual hasta la revisión y ajuste continuos, cada paso es crucial para el éxito de tu negocio en línea.
Recuerda que el marketing es una disciplina en constante evolución, y lo que funciona hoy puede no funcionar mañana. Por lo tanto, es importante mantenerse informado sobre las últimas tendencias y adaptar tu estrategia en consecuencia.

Tu tienda de Shopify de dropshipping tiene el potencial de tener un gran éxito, pero eso requiere un enfoque estratégico y constante en el marketing. Al seguir estos pasos y mantener una mentalidad abierta a la innovación, puedes estar bien encaminado para lograr tus metas y ver tu negocio prosperar en el emocionante mundo del dropshipping.

Espero que este capítulo te haya proporcionado una base sólida para desarrollar tu estrategia de marketing y te deseo mucho éxito en tu viaje como empresario de comercio electrónico.

CAPÍTULO 12: CÓMO UTILIZAR EL MARKETING POR CORREO ELECTRÓNICO Y EL MARKETING EN REDES SOCIALES PARA TU TIENDA SHOPIFY

En el dinámico mundo del comercio electrónico, la visibilidad y la participación de los clientes son dos elementos clave para el éxito. Para una tienda Shopify, esto significa no solo tener una sólida presencia en línea, sino también saber cómo utilizar eficazmente las herramientas de marketing digital a su disposición. Entre estas herramientas, el marketing por correo electrónico y el marketing en redes sociales se destacan como estrategias poderosas para llegar y comprometer a tu público objetivo.

El marketing por correo electrónico, un método probado y eficaz, te permite llegar a tus clientes directamente en su bandeja de entrada, ofreciendo así una plataforma personal para compartir actualizaciones, promociones y contenido personalizado. Por otro lado, el marketing en redes sociales ofrece una plataforma dinámica para llegar a un amplio público, estimular la participación y construir una comunidad en torno a tu marca.

Sin embargo, el uso efectivo de estas herramientas requiere más que simples mensajes promocionales o publicaciones aleatorias. Se necesita una estrategia bien pensada, una comprensión clara de tu público objetivo y un conocimiento profundo de las mejores prácticas y tendencias actuales.

En este capítulo, exploraremos el mundo del marketing por correo electrónico y el marketing en redes sociales. Exploraremos cómo puedes utilizar estos canales de manera estratégica para aumentar la visibilidad de tu tienda Shopify, atraer y retener a más clientes y, en última instancia, impulsar tus ventas. Ya seas un principiante en marketing digital o estés buscando refinar tus estrategias existentes, este capítulo te proporcionará información valiosa y consejos prácticos para tener éxito en tus esfuerzos de marketing.

◆ ◆ ◆

1.   Marketing por correo electrónico para tu tienda Shopify

El marketing por correo electrónico es una herramienta de comunicación poderosa que ofrece una conexión directa y personal con tus clientes. A diferencia de otras formas de marketing digital que dependen del algoritmo de una plataforma de terceros, el marketing por correo electrónico te brinda un control total sobre tu mensaje y su distribución. Es un canal que te permite hablar directamente con tus clientes, en un espacio que consultan regularmente: su bandeja de entrada.

Una de las principales ventajas del marketing por correo electrónico es su versatilidad. Ya sea que estés lanzando un nuevo producto, anunciando una venta flash, compartiendo noticias de tu empresa o brindando consejos útiles, el marketing por correo electrónico se puede adaptar para cumplir una variedad de objetivos. Además, con la posibilidad de segmentar tu lista de correos electrónicos, puedes personalizar tus mensajes para satisfacer las necesidades e intereses específicos de diferentes grupos de clientes.

El marketing por correo electrónico también es una herramienta valiosa para fortalecer la fidelidad de los clientes. Al ofrecer contenido de valor y ofertas exclusivas a tus suscriptores por correo electrónico, no solo puedes fomentar compras repetidas, sino también fortalecer la relación entre tus clientes y tu marca. Esto puede conducir a una mayor lealtad a la marca, tasas de retención más altas y un mayor valor de por vida del cliente.

Por último, el marketing por correo electrónico ofrece un impresionante retorno de la inversión. De hecho, según un estudio de la Direct Marketing Association, el marketing por correo electrónico puede ofrecer un retorno de la inversión de hasta un 4300%. Esto convierte al marketing por correo electrónico en una estrategia rentable para tiendas Shopify de todos los tamaños.

En las siguientes secciones, exploraremos cómo puedes implementar una estrategia efectiva de marketing por correo electrónico para tu tienda Shopify, desde los pasos para crear una lista de correos electrónicos hasta el diseño de campañas por correo electrónico que atraigan y conviertan.

a. Elegir un servicio de marketing por correo electrónico

En el paisaje digital de hoy, existen numerosos servicios de marketing por correo electrónico, cada uno con una gama única de características, opciones de precios y capacidades de integración. Algunos de los servicios más populares incluyen Mailchimp, SendinBlue y Klaviyo. Elegir el servicio adecuado para tu tienda Shopify puede parecer una tarea desafiante, pero al tener en cuenta algunos factores clave, puedes tomar una decisión informada que respalde tus objetivos de marketing por correo electrónico.

Uno de los factores más importantes a considerar es la integración con Shopify. Un servicio de marketing por correo electrónico que se integre fácilmente con Shopify puede simplificar significativamente tu flujo de trabajo de marketing por correo electrónico. Por ejemplo, una buena integración puede permitirte sincronizar automáticamente tus listas de clientes, rastrear el comportamiento de compra y personalizar tus correos electrónicos en función de los datos de tu tienda.

Luego, debes considerar las características que ofrece el servicio de marketing por correo electrónico. Esto puede incluir herramientas para la creación de correos electrónicos, automatización de correos electrónicos, segmentación de listas de correos electrónicos, análisis y informes, y más. Asegúrate de elegir un servicio que ofrezca las características que necesitas para alcanzar tus objetivos de marketing por correo electrónico.

El costo es otro factor importante a tener en cuenta. Los servicios de marketing por correo electrónico pueden variar considerablemente en términos de precio, con opciones para todos los presupuestos. Es importante elegir un servicio que se ajuste a tu presupuesto, pero ten en cuenta que el costo debe equilibrarse con las características y capacidades del servicio.

Finalmente, también debes considerar la reputación y las opiniones del servicio de marketing por correo electrónico. Las opiniones de otros usuarios pueden brindarte información valiosa sobre la confiabilidad del servicio, la calidad del soporte al cliente y la satisfacción general de los usuarios.

Al tener en cuenta estos factores, puedes elegir un servicio de marketing por correo electrónico que respalde tus objetivos de marketing, se integre fácilmente con tu tienda Shopify, ofrezca las características que necesitas, se ajuste a tu presupuesto y tenga una sólida reputación en cuanto a calidad y servicio.

b. Crear una lista de suscriptores

La creación de una lista de suscriptores es un paso fundamental para comenzar con el marketing por correo electrónico. Una lista de suscriptores sólida es el pilar de cualquier estrategia de marketing por correo electrónico exitosa, ya que te permite comunicarte directamente con los clientes y prospectos que han mostrado interés en tu marca.

La forma más común de crear una lista de suscriptores es agregar una opción de suscripción al boletín en tu sitio web. Esto se puede hacer mediante la adición de un formulario de suscripción simple en tu página de inicio, en las páginas de productos o incluso como parte del proceso de pago. Aseg úrate de que el formulario de suscripción sea fácil de encontrar y usar para animar a los visitantes a suscribirse.

Sin embargo, no basta con tener un formulario de suscripción. También es importante hacer que la opción de suscripción sea atractiva para los visitantes. Esto se puede lograr ofreciendo un incentivo para la suscripción, como un descuento en la primera compra, acceso a ofertas exclusivas o actualizaciones sobre nuevos productos y ventas próximas. También puedes utilizar un lenguaje convincente y atractivo para explicar los beneficios de suscribirse a tu boletín.

Además de la opción de suscripción en tu sitio web, también puedes considerar otras formas de aumentar tu lista de suscriptores. Por ejemplo, puedes animar a las suscripciones durante eventos en persona, utilizar las redes sociales para promocionar tu boletín o incluso ofrecer una opción de suscripción por correo electrónico para los clientes que compran en tu tienda física.

Es importante tener en cuenta que, sin importar los métodos que utilices para desarrollar tu lista de suscriptores, siempre debes obtener el consentimiento explícito de las personas para recibir correos electrónicos de marketing. Esto no solo es una buena práctica, sino que también es un requisito legal en muchos países.

Finalmente, una vez que hayas comenzado a desarrollar tu lista de suscriptores, es importante mantenerla. Esto significa limpiar regularmente tu lista para eliminar direcciones de correo electrónico no válidas o inactivas y continuar animando nuevas suscripciones para mantener tu lista de correo electrónico fresca y relevante.

c. Crear campañas de correo electrónico

Con una lista de suscriptores en su lugar, estás listo para comenzar a crear campañas de correo electrónico. Las campañas de correo electrónico son series de correos electrónicos enviados a segmentos específicos de tu lista de suscriptores, diseñados para fomentar una acción o resultado específico, como una compra, una interacción o una conciencia de marca.

El tipo de campaña de correo electrónico que elijas crear dependerá de tus objetivos de marketing específicos. Aquí tienes algunos tipos de campañas de correo electrónico que podrías considerar:

i. *Anuncios de nuevos productos*

Si estás lanzando un nuevo producto o una nueva colección, una campaña de correo electrónico puede ser una excelente manera de correr la voz. Puedes crear un correo electrónico (o una serie de correos electrónicos) que destaque las características del producto, muestre el producto en acción y anime a los destinatarios a realizar una compra.

ii. *Promociones y ventas*

Los correos electrónicos promocionales son una herramienta poderosa para aumentar las ventas. Ya sea que ofrezcas un descuento por tiempo limitado, una oferta exclusiva para miembros de la lista de suscriptores o una venta de fin de temporada, una campaña de correo electrónico puede ayudar a aumentar la visibilidad de la oferta y fomentar las compras.

iii.   Contenido educativo

Los correos electrónicos no siempre deben centrarse en la venta. Compartir consejos útiles, guías de uso de productos u otro contenido educativo puede ayudar a establecer tu marca como un recurso confiable y fortalecer la relación con tus clientes.

iv.   Actualizaciones de la empresa

Los correos electrónicos también pueden ser una forma efectiva de compartir noticias o actualizaciones de la empresa. Ya sea que estés anunciando una nueva contratación, compartiendo un hito importante o contando una historia sobre la misión de tu empresa, estos correos electrónicos pueden ayudar a fortalecer la conexión entre tu marca y tus clientes.

Al crear tus campañas de correo electrónico, es importante tener en cuenta algunas mejores prácticas. En primer lugar, asegúrate de que cada correo electrónico tenga un objetivo claro y una llamada a la acción fuerte. En segundo lugar, intenta personalizar tus correos electrónicos tanto como sea posible, ya sea utilizando el nombre del destinatario o adaptando el contenido según sus preferencias o comportamiento de compra. Por último, no olvides probar y optimizar tus correos electrónicos según el rendimiento para mejorar constantemente tus campañas de correo electrónico.

2.   Marketing en redes sociales para tu tienda Shopify

En la era digital actual, el marketing en redes sociales se ha convertido en una herramienta imprescindible para cualquier empresa que busque aumentar su visibilidad y llegar a un público más amplio. Para una tienda Shopify, el uso efectivo de las redes sociales no solo puede aumentar el reconocimiento de la marca y atraer más tráfico a tu tienda, sino también crear una comunidad comprometida en torno a tu marca.

El marketing en redes sociales va más allá de la simple publicación de contenido promocional. Se trata de crear y compartir contenido que resuene con tu audiencia, fomente la participación y promueva una relación más profunda entre tus clientes y tu marca. Ya sea a través de publicaciones de productos, videos detrás de escena, concursos interactivos o transmisiones en vivo, cada interacción en redes sociales ofrece una oportunidad para mostrar la personalidad de tu marca y fortalecer la lealtad de los clientes.

Además, las redes sociales proporcionan una plataforma para escuchar y interactuar con tus clientes. Ya sea respondiendo a comentarios, resolviendo problemas de servicio al cliente o recopilando comentarios, cada interacción es una oportunidad para aprender de tus clientes y mejorar tu oferta.

Además, las redes sociales también pueden ser una herramienta poderosa para la orientación y la publicidad. Con opciones de orientación detalladas basadas en datos demográficos, intereses y comportamiento de los usuarios, puedes llegar a un público específico con tus mensajes y anuncios, aumentando así la eficacia de tus esfuerzos de marketing.

Sin embargo, el marketing en redes sociales requiere una estrategia bien pensada y una ejecución coherente. En las secciones siguientes, exploraremos cómo puedes elegir las plataformas de medios sociales adecuadas para tu marca, crear contenido atractivo y utilizar la publicidad en redes sociales para alcanzar tus objetivos de marketing.

a. Elegir las plataformas de medios sociales adecuadas

Con una multitud de plataformas de medios sociales disponibles hoy en día, puede ser difícil saber en cuáles enfocar tus esfuerzos. Cada plataforma tiene sus propias características únicas, su audiencia y sus métodos de comunicación preferidos. Facebook, Instagram, Twitter, Pinterest y LinkedIn están entre las más populares, pero también hay otras plataformas como Snapchat, TikTok y YouTube que pueden ser relevantes según tu público objetivo y tu tipo de producto.

Para elegir las plataformas adecuadas para tu tienda Shopify, primero debes comprender a tu público objetivo. ¿Qué edad tienen? ¿Cuáles son sus intereses? ¿En qué plataformas pasan la mayor parte del tiempo? Por ejemplo, si te diriges a un público más joven, plataformas como Instagram y TikTok pueden ser más relevantes. Si vendes productos que se prestan bien a la visualización, como ropa o joyas, Pinterest e Instagram podrían ser buenas opciones.

Luego, considera el tipo de contenido que puedes crear y compartir regularmente. Instagram y Pinterest se centran en gran medida en la imagen, mientras que Twitter es ideal para actualizaciones rápidas y compartir contenido. Facebook y LinkedIn son excelentes para compartir una variedad de contenidos, incluyendo artículos de blog, actualizaciones de la empresa y más.

También es importante tener en cuenta los recursos de los que dispones. La gestión de múltiples cuentas de redes sociales puede llevar mucho tiempo, por lo que es mejor concentrarse en unas pocas plataformas y hacerlo bien en lugar de dispersarse demasiado.

Finalmente, recuerda que la elección de la plataforma es una decisión que debe revisarse regularmente. Las tendencias en redes sociales cambian rápidamente y lo que funciona hoy puede no funcionar mañana. Mantente atento al rendimiento de tus esfuerzos de marketing en redes sociales y no dudes en ajustar tu estrategia si es necesario.

b. Crear contenido atractivo

En las redes sociales, el contenido es más que rey, es el corazón y el alma de tu presencia en línea. Un contenido de calidad puede ayudar a captar la atención, generar interés, fomentar la participación y construir una relación duradera con tu audiencia. Por eso es crucial crear contenido que no solo sea interesante y relevante para tu marca, sino que también aliente a los usuarios a interactuar y comprometerse.

i.   *Fotos de productos:*
Las imágenes de alta calidad de tus productos pueden ser increíblemente efectivas en las plataformas visuales como Instagram y Pinterest. Intenta capturar tus productos desde diferentes ángulos, en contexto y en acción para mostrar a los posibles clientes qué pueden esperar.

ii.   *Videos:*
Los videos son cada vez más populares en las redes sociales y pueden ser una excelente manera de mostrar tus productos en acción, compartir tutoriales o demostraciones de productos, o incluso ofrecer una visión entre bastidores de tu empresa.

iii. *Artículos de blog:*
Si tienes un blog, compartir tus artículos en las redes sociales

puede ayudar a atraer tráfico a tu sitio web. Asegúrate de que tus artículos sean relevantes y útiles para tu público objetivo.

iv.   Concursos y sorteos:

Los concursos y sorteos pueden ser una excelente manera de fomentar la participación y ganar nuevos seguidores. Asegúrate de que las reglas sean claras y de que el premio sea atractivo para tu público objetivo.

v.   Contenido generado por los usuarios:

Animar a tus seguidores a compartir sus propias fotos o experiencias con tus productos no solo puede proporcionar contenido auténtico para tu marca, sino que también fortalece la confianza y la lealtad de los clientes.

vi.   Historias y actualizaciones en vivo:

Funciones como las Historias de Instagram y Facebook Live ofrecen formas únicas de compartir contenido en tiempo real con tu audiencia, ya sea un anuncio de producto, un evento en vivo o un día típico en tu empresa.

Al crear contenido, siempre ten en cuenta a tu público objetivo y los objetivos de tu marca. Asegúrate de que tu contenido sea coherente con tu marca y añada valor a tus seguidores. Y no olvides que la participación es una calle de doble sentido: asegúrate de responder a los comentarios, agradecer a los seguidores por su apoyo y interactuar con tu comunidad de manera auténtica y personal.

c.   Utilizar la publicidad en redes sociales

La publicidad en redes sociales es una herramienta poderosa que puede ayudar a amplificar tu alcance, atraer a una audiencia más amplia y aumentar las conversiones para tu tienda Shopify.

Gracias a opciones de orientación precisas y una variedad de formatos public itarios, la publicidad en redes sociales puede ser un complemento efectivo para tu estrategia de marketing orgánico. Cada plataforma de medios sociales ofrece sus propias herramientas publicitarias, cada una con sus propias ventajas:

i.   *Facebook Ads:*

Facebook ofrece una variedad de formatos publicitarios, incluyendo anuncios de video, carruseles de productos y publicaciones patrocinadas. Con opciones de orientación detalladas basadas en edad, género, ubicación, intereses y comportamiento, puedes llegar al público adecuado con el mensaje correcto.

ii.   *Instagram Ads:*

Dado que Instagram es propiedad de Facebook, puedes utilizar las mismas herramientas de orientación para crear anuncios visualmente atractivos en el feed de noticias de Instagram o en las Historias.

iii.   *Twitter Ads:*

Twitter ofrece opciones para promocionar tweets individuales, aumentar el conocimiento de la marca o impulsar el tráfico del sitio web. La orientación puede basarse en palabras clave, intereses, ubicaciones geográficas y más.

iv.   *Pinterest Ads:*

Si vendes productos visualmente atractivos, Pinterest puede ser una excelente plataforma publicitaria. Los anuncios aparecen como pines normales pero están etiquetados como patrocinados.

v.   *LinkedIn Ads:*

Si vendes productos B2B o deseas llegar a profesionales en un sector específico, LinkedIn puede ser una excelente opción. Los anuncios pueden orientarse según la industria, el cargo, el nivel de experiencia y más.

Al crear anuncios en redes sociales, es importante tener en cuenta algunas mejores prácticas. En primer lugar, asegúrate de que tus anuncios estén alineados con tu marca y tus objetivos de marketing. En segundo lugar, utiliza la orientación para llegar a la audiencia correcta con el mensaje adecuado. Finalmente, prueba y optimiza tus anuncios en función del rendimiento para maximizar tu retorno de inversión.

Utilizando estratégicamente la publicidad en redes sociales, puedes aumentar la visibilidad de tu tienda Shopify, atraer a más clientes potenciales y aumentar las ventas de tu tienda.

3.   Conclusión

El marketing por correo electrónico y el marketing en redes sociales son mucho más que simples herramientas de promoción: son canales de comunicación esenciales que pueden ayudarte a establecer una sólida relación con tu audiencia, aumentar la visibilidad de tu tienda Shopify y estimular las ventas.

El marketing por correo electrónico te permite comunicarte directamente con tus clientes de manera regular, proporcionándoles información relevante y oportuna sobre tus productos, ofertas y marca. Con una estrategia de marketing por correo electrónico bien pensada, no solo puedes atraer nuevos clientes, sino también fidelizar a los clientes existentes y motivarlos a realizar compras repetidas.

Por otro lado, el marketing en redes sociales te ofrece una plataforma para contar la historia de tu marca, compartir contenido atractivo e interactuar con tu audiencia de manera más informal y personal. Utilizando las redes sociales para crear una comunidad en torno a tu marca, puedes aumentar la participación, fortalecer la lealtad a la marca y convertir a tus seguidores en embajadores de la marca.

Sin embargo, es importante recordar que el éxito en el marketing por correo electrónico y en las redes sociales no ocurre de la noche a la mañana. Requiere una estrategia bien planificada, una ejecución constante y la disposición a experimentar, aprender y optimizar en función del rendimiento. Pero con tiempo, esfuerzo y perseverancia, estas herramientas pueden desempeñar un papel clave en el crecimiento de tu tienda Shopify.

En última instancia, el marketing por correo electrónico y el marketing en redes sociales son dos piezas esenciales del rompecabezas del marketing digital. Utilizándolos de manera efectiva e integrándolos en una estrategia de marketing más amplia, puedes crear una experiencia de marca coherente y atractiva que atraiga y retenga a los clientes.

CAPÍTULO 13: CÓMO UTILIZAR EL MARKETING DE INFLUENCIA Y LA PUBLICIDAD PAGADA PARA TU TIENDA SHOPIFY

En el mundo del comercio electrónico, la competencia es feroz. Para destacar y atraer clientes, es esencial utilizar estrategias de marketing efectivas. Dos de las estrategias más poderosas son el marketing de influencia y la publicidad pagada. En este capítulo, exploraremos cómo puedes utilizar estas dos estrategias para aumentar la visibilidad de tu tienda Shopify y estimular tus ventas.

◆ ◆ ◆

1. *Sección 1: El marketing de influencia*

El marketing de influencia es una estrategia de marketing que ha cobrado fuerza con el auge de las redes sociales. Se trata de un enfoque que implica aprovechar el poder de persuasión de ciertas personas, llamadas influencers, para promocionar productos o servicios.

Los influencers son individuos que han logrado construir una comunidad de seguidores en las redes sociales. Pueden ser creadores de contenido, celebridades, deportistas, artistas, bloggers, expertos en un campo específico, etc. Tienen en común una fuerte presencia en línea y la capacidad de influir en las decisiones de compra de su comunidad gracias a su experiencia, autenticidad y cercanía con su audiencia.

Los influencers tienen una relación de confianza con su comunidad. Sus seguidores los respetan y valoran su opinión. A menudo se perciben como líderes de opinión y fuentes de inspiración. Por lo tanto, cuando un influencer recomienda un producto o servicio, es más probable que sus seguidores lo consideren favorablemente.

Lo que interesa a las marcas en el marketing de influencia es la capacidad del influencer para llegar y comprometer a una audiencia específica. Trabajando con influencers, las marcas pueden llegar a una audiencia segmentada y comprometida, lo que puede conducir a un aumento en el reconocimiento de la marca, la participación y las ventas.

El marketing de influencia es particularmente efectivo porque permite a las marcas sortear el creciente escepticismo de los consumidores hacia la publicidad tradicional. Los consumidores son cada vez más desconfiados de la publicidad y tienden a confiar más en una recomendación de un influencer al que siguen y respetan.

En resumen, el marketing de influencia es una estrategia poderosa que permite a las marcas conectarse con los consumidores de una manera más personal y auténtica. Trabajando con influencers que se ajusten a su marca y su público objetivo, las marcas pueden crear campañas de marketing más efectivas y atractivas.

a. Cómo establecer una estrategia de marketing de influencia

Antes de embarcarse en el marketing de influencia, es crucial definir claramente sus objetivos. Este es el primer paso para crear una estrategia de marketing de influencia efectiva. ¿Está buscando aumentar la visibilidad de su marca, aumentar las ventas, mejorar la imagen de su marca o quizás una combinación de todo esto?

Si su objetivo es desarrollar y aumentar la visibilidad de su marca, el marketing de influencia puede ser una excelente manera de lograrlo. De hecho, los influencers ya tienen una audiencia comprometida que confía en ellos. Cuando comparten contenido sobre su marca, esto puede ayudar a aumentar su reconocimiento y atraer nuevos clientes.

Además, el marketing de influencia puede ofrecer un retorno de la inversión (ROI) mucho mayor que la publicidad tradicional. Según varios actores de la industria, el ROI en marketing de influencia sería de aproximadamente 7€ por cada 1€ invertido, lo que es mucho más alto que otras prácticas como la publicidad en Facebook. Esto se debe a que las recomendaciones de los influencers a menudo se perciben como más auténticas y creíbles que los anuncios tradicionales.

Aquí tienes algunos pasos para establecer una estrategia de marketing de influencia:

i.   Definir tus objetivos

El primer paso consiste en definir lo que deseas lograr con el marketing de influencia. Tus objetivos podrían incluir el aumento del reconocimiento de la marca, el aumento de las ventas, la mejora de la imagen de la marca, etc.

ii.   Crear un producto/marca "instagramable"

Tu producto o marca debe ser atractivo e interesante para que se comparta en las redes sociales. Esto aumentará la probabilidad de que los influencers acepten trabajar contigo y de que sus seguidores estén interesados en tu producto o servicio.

iii.   Identificar tu público objetivo

¿Quiénes son las personas a las que estás tratando de llegar con tu campaña de marketing de influencia? Comprender a tu público objetivo te ayudará a elegir los influencers adecuados para tu campaña.

iv.   Elegir los influencers adecuados

No todos los influencers son iguales. Algunos pueden tener una gran audiencia, pero si esa audiencia no es relevante para tu marca, su influencia no será efectiva. Es importante elegir influencers que tengan una audiencia que coincida con tu público objetivo y que tengan una imagen de marca que se ajuste a la tuya.

v.   Crear una oferta de marketing y un brief

Define claramente lo que esperas del influencer y lo que estás dispuesto a ofrecer a cambio. Esto podría incluir detalles sobre el tipo de contenido que deseas que creen, con qué frecuencia deseas que publiquen, etc.

vi.   Calcular el presupuesto de marketing de influencia

¿Cuánto estás dispuesto a gastar en tu campaña de marketing de influencia? Ten en cuenta que algunos influencers pueden cobrar tarifas elevadas por su colaboración. Es importante establecer un presupuesto realista que te permita alcanzar tus objetivos sin arruinarte.

vii.   Contactar a los influencers

Una vez que hayas identificado a los influencers con los que deseas trabajar, deberás hacerles una propuesta de colaboración. Esto podría incluir detalles sobre lo que esperas de ellos, lo que estás dispuesto a ofrecer a cambio, etc.

viii.   Elegir un influencer

Basándote en tus conversaciones con los influencers, selecciona al que mejor se adapte a tus necesidades y a tu presupuesto.

ix.   Firmar un contrato con el influencer

Una vez que hayas elegido a un influencer, establece un contrato que detalle las expectativas de ambas partes. Esto puede incluir detalles sobre el tipo de contenido a crear, el calendario de publicación, la remuneración, etc.

x.   Seguir y medir los resultados

Por último, es importante seguir y medir los resultados de tu campaña de marketing de influencia. Esto te ayudará a entender lo que funciona, lo que no funciona y cómo puedes mejorar tus futuras campañas. Utiliza herramientas de análisis para rastrear el rendimiento de tus campañas y ajusta tu estrategia en consecuencia.

b.   Trabajar con una agencia de influencers

Si te sientes abrumado por el proceso de configuración de una campaña de marketing de influencia o simplemente no tienes tiempo para gestionar todos los detalles, trabajar con una agencia de influencers puede ser una excelente opción.

Una agencia de influencers es una empresa especializada en conectar marcas con los influencers adecuados. Suelen tener una amplia red de influencers en diferentes campos y pueden ayudarte a encontrar aquellos que mejor se adapten a tu marca y a tu público objetivo.

Además de ayudarte a encontrar a los influencers adecuados, una agencia también puede ayudarte a negociar los contratos. Esto puede incluir la definición del tipo de contenido a crear, la cantidad de publicaciones, la remuneración del influencer, etc. Las agencias suelen tener una buena comprensión de las tarifas del mercado y pueden ayudarte a obtener el mejor retorno de inversión.

Una agencia también puede gestionar la campaña por ti. Esto puede incluir la coordinación con el influencer, el seguimiento de las publicaciones, la medición de los resultados y la adaptación de la campaña según el rendimiento. Esto puede ahorrarte mucho tiempo y permitirte centrarte en otros aspectos de tu negocio.

Por último, una agencia de influencers también puede proporcionarte informes detallados sobre el rendimiento de tu campaña. Esto puede incluir información sobre el número de vistas, likes, compartidos, comentarios, la tasa de participación, el tráfico generado a tu sitio web, las ventas generadas, etc. Esta información puede ser valiosa para comprender la eficacia de tu campaña y planificar futuras iniciativas de marketing de influencia.

Sin embargo, es importante tener en cuenta que trabajar con una agencia de influencers puede ser costoso. Las tarifas de la agencia se suman a los costos de remuneración de los influencers. Por lo tanto, es importante comprender bien los costos asociados antes de decidir trabajar con una agencia.

2.   *Sección 2: Publicidad pagada*

La publicidad pagada, también conocida como publicidad en línea o marketing digital pagado, es una forma efectiva de generar tráfico a tu tienda Shopify. Implica la compra de espacios publicitarios en diferentes plataformas en línea para promocionar tu marca, productos o servicios.

Una de las principales ventajas de la publicidad pagada es que te permite llegar rápidamente a un público amplio. Además, la mayoría de las plataformas publicitarias ofrecen opciones de segmentación detallada que te permiten dirigirte específicamente a tu público en función de diversos criterios como la edad, el género, la ubicación, los intereses, el comportamiento de compra, etc. Esto puede aumentar la eficacia de tus anuncios y maximizar tu retorno de inversión.

Existen muchas plataformas publicitarias que puedes utilizar para llegar a tu público objetivo. Cada una tiene sus propias ventajas y desventajas, y la mejor para ti dependerá de tu público objetivo, tus objetivos y tu presupuesto. Aquí hay algunas de las plataformas de publicidad pagada más populares:

a.   Facebook e Instagram Ads

Estas dos plataformas están integradas, lo que significa que puedes crear anuncios que se mostrarán en ambas plataformas. Facebook e Instagram ofrecen una variedad de opciones de segmentación, incluyendo edad, género, ubicación, intereses y más. También puedes crear anuncios de productos dinámicos que muestren automáticamente los productos a las personas que han visitado tu sitio web. Además, estas plataformas ofrecen diversos formatos de anuncios, desde imágenes y videos simples hasta carruseles e historias interactivas, lo que te permite cautivar a tu audiencia de manera creativa.

b.   Google y YouTube Ads

Google ofrece una variedad de opciones publicitarias, incluyendo anuncios de búsqueda, anuncios de display, anuncios de compras y anuncios de video en YouTube. Google Ads te permite dirigirte a los usuarios en función de sus búsquedas, intereses, ubicación y más. Los anuncios de YouTube, en particular, pueden ser una excelente manera de presentar visualmente tus productos, aprovechando la creciente popularidad del contenido de video.

c.   Pinterest Ads

Pinterest es una plataforma visual donde los usuarios descubren nuevas ideas y productos. Los anuncios de Pinterest pueden ser una excelente manera de presentar tus productos a una audiencia comprometida. Los usuarios de Pinterest suelen buscar inspiración y, por lo tanto, son más propensos a ser receptivos a nuevas marcas y productos.

d.   Snapchat Ads

Snapchat es una plataforma popular entre los usuarios jóvenes. Los anuncios de Snapchat pueden ser una excelente manera de llegar a este público. Snapchat ofrece formatos de anuncios únicos, como filtros patrocinados y historias, que pueden ayudar a aumentar el reconocimiento de la marca y la participación.

e. Simprosys Google Shopping Feed

Esta aplicación te ayuda a enviar tu feed de productos a Google Shopping, Facebook Ads y Microsoft Ads. Automatiza el proceso de actualización de tus anuncios de productos, asegurándote de que tus anuncios siempre estén actualizados con la información más reciente de tu tienda Shopify.

f. Flexify: Facebook Product Feed

Esta aplicación te ayuda a sincronizar tu catálogo de productos con Facebook para crear anuncios de productos dinámicos. Facilita la gestión de tus anuncios de productos en Facebook, permitiéndote actualizar automáticamente tus anuncios según los cambios en tu tienda Shopify.

Cada plataforma publicitaria tiene sus propias ventajas y desventajas, y lo que funcione mejor para ti dependerá de tu público objetivo, tu presupuesto y tus objetivos publicitarios. Se recomienda probar diferentes plataformas y tipos de anuncios para ver qué funciona mejor para tu tienda Shopify. Además, es importante seguir y analizar el rendimiento de tus anuncios para comprender qué funciona y qué no, y ajustar tu estrategia en consecuencia.

g. Estrategia de Publicidad Pagada

i.   *Definir tus objetivos*
Antes de empezar a crear anuncios, es importante definir lo que esperas lograr. Tus objetivos pueden incluir aumentar el reconocimiento de la marca, atraer más tráfico a tu sitio web, generar ventas, etc.

ii.   *Determinar tu presupuesto*

Determinar tu presupuesto es un paso crucial en la creación de tu estrategia de publicidad pagada. ¿Cuánto estás dispuesto a invertir para alcanzar tus objetivos? Es importante tener en cuenta que la publicidad pagada a menudo implica prueba y error. Es posible que necesites ajustar tu presupuesto en función de los resultados que obtengas. Se recomienda comenzar con un presupuesto modesto y aumentarlo gradualmente según el rendimiento de tus anuncios.

iii.   Dirigirte a tu público objetivo

Definir a tu público objetivo es otro paso importante. ¿A quién quieres llegar con tus anuncios? Utiliza las opciones de segmentación de las diferentes plataformas publicitarias para llegar a tu público objetivo. Esto puede incluir la segmentación por edad, género, ubicación, intereses, comportamientos y más. Una buena comprensión de tu público objetivo puede ayudarte a crear anuncios más relevantes y efectivos.

iv.   Crear anuncios atractivos

La creación de anuncios atractivos es esencial para llamar la atención de tu público objetivo. Tus anuncios deben destacar y animar a las personas a hacer clic. Utiliza imágenes de alta calidad, títulos llamativos y copias persuasivas para atraer a tu audiencia. No olvides incluir una llamada a la acción clara para guiar a los usuarios hacia el siguiente paso, ya sea la compra de un producto, la suscripción a un boletín informativo u otra acción.

v.   Seguir y optimizar

Una vez que tus anuncios estén en marcha, es importante seguir su rendimiento y optimizarlos en consecuencia. Utiliza las herramientas de análisis de las plataformas publicitarias para ver qué anuncios funcionan mejor. Examina los indicadores clave de rendimiento como el costo por clic (CPC), la tasa de clics (CTR), el retorno de la inversión publicitaria (ROAS) y más. Realiza cambios en función de esta información para mejorar la eficacia de tus anuncios.

Al combinar el marketing de influencia y la publicidad pagada, puedes crear una estrategia de marketing poderosa para tu tienda Shopify. Estas dos estrategias pueden complementarse entre sí y ayudarte a llegar a una audiencia más amplia, aumentar el reconocimiento de tu marca y estimular las ventas de tu tienda Shopify.

3. Conclusión

El marketing de influencia y la publicidad pagada son dos pilares esenciales en el arsenal de cualquier estrategia de marketing digital exitosa. Cuando se utilizan de manera efectiva y estratégica, pueden contribuir en gran medida a aumentar la visibilidad de tu tienda Shopify, atraer a una audiencia más amplia y estimular las ventas.

En particular, el marketing de influencia puede ayudar a establecer la confianza y la credibilidad de tu marca aprovechando el alcance e influencia de líderes de opinión respetados en tu sector. Los influencers pueden actuar como embajadores de tu marca, presentando tus productos de manera auténtica y atractiva.

Por otro lado, la publicidad pagada te permite dirigirte específicamente a tu público ideal, mostrando mensajes publicitarios relevantes y atractivos en las plataformas donde pasan la mayor parte de su tiempo. Ya sea en motores de búsqueda como Google, redes sociales como Facebook e

Instagram, u otras plataformas populares como Pinterest y Snapchat, la publicidad pagada puede ayudarte a llegar a tus clientes potenciales dondequiera que estén.

Sin embargo, es importante tener en cuenta que estas estrategias no son una solución milagrosa. Requieren una planificación cuidadosa, una ejecución meticulosa y una optimización constante para obtener los mejores resultados. También es esencial seguir y analizar el rendimiento de tus campañas para comprender lo que funciona y lo que no, y para realizar los ajustes necesarios.

En última instancia, el éxito de tu tienda Shopify dependerá de tu capacidad para utilizar estas herramientas de manera efectiva para alcanzar tus objetivos de marketing. Al combinar el marketing de influencia y la publicidad pagada, y adaptarlos a tus necesidades específicas, puedes crear una estrategia de marketing sólida que te ayudará a convertir a más visitantes en clientes leales.

CAPÍTULO 14: CÓMO BRINDAR UN EXCELENTE SERVICIO AL CLIENTE EN TU TIENDA SHOPIFY

El servicio al cliente es el corazón de cualquier negocio de comercio electrónico, y las tiendas Shopify no son una excepción a esta regla. Comprende todas las interacciones que tienes con tus clientes en cada etapa de su proceso de compra, antes de que realicen un pedido, mientras navegan y realizan compras, y mucho después de que hayan recibido sus productos.

Antes de la compra, el servicio al cliente puede tomar la forma de responder preguntas sobre tus productos, ayudar en la navegación del sitio web o brindar orientación para ayudar a los clientes a encontrar el producto que mejor satisfaga sus necesidades. Durante la compra, un excelente servicio al cliente puede significar un proceso de compra fácil de entender, opciones de pago flexibles y respuestas rápidas a cualquier pregunta o inquietud que puedan surgir. Después de la compra, el servicio al cliente continúa con el seguimiento de pedidos, la gestión de devoluciones e intercambios, y escuchando los comentarios de los clientes para mejorar constantemente tu oferta.

Un excelente servicio al cliente es más que una simple cortesía;

es una herramienta poderosa que puede ayudar a retener a los clientes, aumentar las ventas y mejorar la reputación de tu marca. Los clientes que tienen experiencias positivas con tu servicio al cliente son más propensos a realizar compras repetidas, recomendar tu tienda a amigos y familiares, y dejar opiniones positivas que pueden atraer a nuevos clientes. En otras palabras, un excelente servicio al cliente puede ser un motor de crecimiento para tu tienda Shopify.

◆ ◆ ◆

1.   Comprender las expectativas de los clientes

En el mundo digital de hoy, las expectativas de los clientes sobre el servicio al cliente son más altas que nunca. Los clientes esperan un servicio que sea no solo rápido y eficiente, sino también personalizado y accesible.

La velocidad es esencial en el servicio al cliente. En nuestro mundo conectado donde todo es instantáneo, los clientes esperan respuestas rápidas a sus preguntas y preocupaciones. Ya sea una pregunta sobre un producto, una solicitud de devolución o una queja, los clientes quieren una resolución rápida de sus problemas.

La eficiencia también es crucial. Los clientes no solo quieren respuestas rápidas, también quieren respuestas que resuelvan sus problemas. Esto requiere un equipo de servicio al cliente bien capacitado y con conocimiento sobre tus productos y políticas para proporcionar respuestas precisas y útiles.

La personalización es otra expectativa clave de los clientes.

Los clientes quieren sentirse valorados y reconocidos. Aprecian cuando las empresas recuerdan sus preferencias, anticipan sus necesidades y ofrecen soluciones adaptadas a sus situaciones específicas.

Por último, la accesibilidad es una expectativa importante de los clientes hoy en día. Los clientes quieren poder contactar tu tienda a través del canal de su elección, ya sea correo electrónico, chat en vivo, redes sociales o teléfono. Además, esperan que estos canales estén disponibles en todo momento, ya que los clientes de hoy hacen compras y necesitan asistencia a todas horas del día y la noche.

Al comprender estas expectativas, puedes estructurar tu servicio al cliente para satisfacer las necesidades de tus clientes y brindar una experiencia positiva en cada interacción con tu tienda Shopify.

◆ ◆ ◆

2. Establecer canales de comunicación efectivos

Una de las claves para brindar un excelente servicio al cliente es ofrecer canales de comunicación efectivos. Shopify ofrece una variedad de opciones para comunicarte con tus clientes, lo que te permite satisfacer sus necesidades de manera flexible y conveniente.

El correo electrónico es un canal de comunicación tradicional pero aún efectivo. Permite una comunicación detallada y se puede utilizar para enviar confirmaciones de pedidos, actualizaciones sobre el estado de entrega, respuestas a preguntas complejas y más. También es conveniente para los clientes, ya que pueden leer y responder a su propio ritmo.

El chat en vivo es otro canal de comunicación valioso. Ofrece interacción en tiempo real, lo que permite resolver problemas rápidamente y responder preguntas mientras el cliente aún está navegando en tu sitio. Además, el chat en vivo puede proporcionar una experiencia más personal, ya que los clientes pueden tener conversaciones en tiempo real con un representante de servicio al cliente.

Las redes sociales también son un canal de comunicación importante. Muchos clientes ya utilizan las redes sociales en su vida diaria, lo que lo convierte en una forma conveniente de que se pongan en contacto con tu tienda. Las redes sociales también permiten la comunicación pública, lo que puede ser una ventaja si proporcionas un excelente servicio al cliente.

Por último, el teléfono sigue siendo un canal de comunicación valioso. Aunque cada vez más comunicaciones se realizan en línea, muchos clientes aún aprecian la posibilidad de hablar con una persona real por teléfono, especialmente para problemas complejos o urgentes.

Al establecer tus canales de comunicación, es importante elegir aquellos que mejor se adapten a tu público objetivo. Por ejemplo, si tu audiencia es más joven, es posible que prefieran las redes sociales o el chat en vivo. Si vendes productos más complejos, el teléfono podría ser una mejor opción. Una vez que hayas seleccionado tus canales, es crucial gestionarlos de manera eficiente para garantizar una respuesta rápida y consistente a las solicitudes de los clientes.

3.   Responder a las solicitudes y quejas de los clientes

Cuando un cliente se pone en contacto contigo con una pregunta o queja, es crucial responder de manera rápida, profesional y empática. Cada interacción con un cliente es una oportunidad para fortalecer la relación con él y mostrar el compromiso de tu marca con un excelente servicio.

La rapidez es esencial. En nuestro mundo conectado, los clientes esperan respuestas rápidas. Un retraso en la respuesta puede causar frustración y dar la impresión de que su problema o pregunta no se toma en serio. Por lo tanto, es importante tener procesos en marcha para responder rápidamente a las solicitudes de los clientes, ya sea por correo electrónico, chat en vivo, redes sociales o teléfono.

La profesionalidad también es crucial. Los clientes esperan respuestas precisas e informativas a sus preguntas y soluciones efectivas a sus problemas. Esto requiere un equipo de servicio al cliente bien entrenado que comprenda tus productos, políticas y procedimientos. Además, una comunicación clara y respetuosa es esencial para mantener la profesionalidad.

La empatía es otro componente clave al responder a las solicitudes y quejas de los clientes. Es importante comprender el punto de vista del cliente y reconocer las emociones que puedan estar experimentando. La empatía puede ayudar a desactivar situaciones tensas y hacer que el cliente se sienta escuchado y valorado.

Finalmente, si no puedes resolver el problema del cliente de inmediato, es importante hacer un seguimiento del problema y mantener al cliente informado sobre su resolución. Esto puede implicar comunicarse con otros miembros de tu equipo, contactar al proveedor o realizar investigaciones adicionales. El seguimiento muestra al cliente que tomas su problema en serio y que estás comprometido a encontrar una solución.

Al responder a las solicitudes y quejas de los clientes de manera rápida, profesional y empática, puedes transformar una situación potencialmente negativa en una experiencia positiva que fortalezca la relación con el cliente.

◆ ◆ ◆

4. Gestión de devoluciones y reembolsos

L a gestión de devoluciones y reembolsos es una parte esencial del servicio al cliente en el comercio electrónico. Los clientes valoran la flexibilidad y la conveniencia de poder devolver o intercambiar productos que no cumplen con sus expectativas. Además, una política de devolución generosa puede ser un factor determinante para los clientes al decidir dónde realizar sus compras.

Shopify facilita la gestión de devoluciones y reembolsos al ofrecer herramientas integradas para administrar estos procesos. Puedes crear políticas de devolución claras y detalladas que sean fácilmente accesibles para tus clientes. Estas políticas pueden incluir información sobre la duración durante la cual se aceptan devoluciones, las condiciones que deben cumplir los productos para ser devueltos y cómo los clientes pueden iniciar una devolución.

Además de crear políticas de devolución, Shopify te permite gestionar los reembolsos directamente desde tu panel de control. Puedes emitir reembolsos completos o parciales, según la situación. Al emitir un reembolso, también puedes optar por reembolsar los gastos de envío, lo que puede ser un gesto de buena voluntad hacia el cliente.

Es importante destacar que una gestión eficaz de devoluciones y reembolsos también requiere una excelente comunicación con el cliente. Los clientes deben ser informados sobre el estado de su devolución o reembolso, y cualquier pregunta o inquietud debe abordarse de manera rápida y profesional.

En última instancia, una gestión eficaz de devoluciones y reembolsos no solo puede resolver los problemas de los clientes, sino también fortalecer su confianza en tu marca y su lealtad a largo plazo. Una política de devolución generosa y una gestión de reembolsos efectiva pueden transformar una experiencia negativa en una experiencia positiva, alentando a los clientes a seguir comprando en tu tienda Shopify.

5.   Personalización de la experiencia del cliente

La personalización es una herramienta poderosa para mejorar la experiencia del cliente y fortalecer la lealtad a la marca. Al adaptar la experiencia de compra a cada cliente individual, no solo puedes satisfacer sus necesidades específicas, sino también hacer que se sientan valorados y apreciados.

Una de las formas de personalizar la experiencia del cliente es a través de la personalización de tus comunicaciones. Esto puede incluir el uso del nombre del cliente en los correos electrónicos, la personalización de boletines en función de los intereses del cliente o el envío de mensajes dirigidos basados en el comportamiento de compra del cliente. Por ejemplo, si un cliente ha comprado recientemente un tipo de producto específico, podrías enviarle correos electrónicos que presenten productos similares o complementarios.

Otra forma de personalizar la experiencia es recomendando productos basados en las preferencias y el comportamiento de compra del cliente. Shopify ofrece herramientas que te permiten mostrar a los clientes recomendaciones de productos basadas en lo que ya han visto o comprado. Esto no solo puede ayudar a los clientes a descubrir nuevos productos que les gustarán, sino también aumentar el valor promedio de los pedidos.

Finalmente, puedes personalizar la experiencia del cliente ofreciendo promociones especiales que sean relevantes para cada cliente. Por ejemplo, podrías ofrecer un descuento en un producto que el cliente ha comprado con frecuencia o proporcionar envío gratuito a un cliente que ha gastado cierta cantidad en tu tienda.

La personalización de la experiencia del cliente puede requerir una inversión de tiempo y recursos para recopilar y analizar datos de clientes. Sin embargo, los beneficios en términos de mejora de la experiencia del cliente, aumento de la lealtad a la marca y aumento de las ventas pueden compensar ampliamente esta inversión.

6. Construcción de la lealtad de los clientes

La construcción de la lealtad de los clientes es un aspecto esencial de la gestión exitosa de una tienda Shopify. Un cliente le al es más propenso a hacer compras repetidas, recomendar tu tienda a otros y contribuir al crecimiento a largo plazo de tu negocio. Un excelente servicio al cliente es uno de los medios más efectivos para construir esta lealtad.

Un excelente servicio al cliente va más allá de simplemente resolver problemas; se trata de crear una experiencia positiva para el cliente en cada interacción. Esto puede significar responder rápidamente a las preguntas, ir más allá para resolver problemas o incluso sorprender y deleitar a los clientes con gestos inesperados. Cuando los clientes se sienten apreciados y bien atendidos, son más propensos a seguir siendo leales a tu tienda.

Los programas de fidelización son otra herramienta efectiva para construir la lealtad de los clientes. Estos programas pueden recompensar a los clientes por sus compras repetidas ofreciendo descuentos, regalos, puntos de fidelización u otros beneficios. Shopify ofrece herramientas que te permiten establecer y administrar fácilmente programas de fidelización.

Las ofertas especiales también pueden fomentar la lealtad de los clientes. Esto puede significar ofrecer descuentos exclusivos a los clientes leales, proporcionar acceso a productos o servicios especiales o brindar beneficios como envío gratuito. Estas ofertas especiales pueden dar a los clientes una razón adicional para seguir comprando en tu tienda.

En última instancia, la construcción de la lealtad de los clientes es un proceso continuo que requiere un compromiso con un excelente servicio al cliente, ofertas y programas que recompensen a los clientes por su lealtad, y una disposición para escuchar y responder a las necesidades y preferencias de los clientes.

7.   Medición de la satisfacción de los clientes

M edir la satisfacción de los clientes es un paso esencial para comprender la eficacia de tus esfuerzos de servicio al cliente y para identificar las áreas que pueden requerir mejoras. Hay varias formas de medir la satisfacción de los clientes, cada una proporcionando perspectivas únicas sobre la experiencia del cliente.

Las encuestas de satisfacción del cliente son una herramienta valiosa para recopilar información directamente de tus clientes. Estas encuestas pueden ser tan simples o detalladas como sea necesario, abarcando aspectos como la calidad del servicio al cliente, la facilidad de uso del sitio web, la calidad de los productos y más. Las encuestas pueden enviarse después de cada interacción de servicio al cliente o a intervalos regulares para seguir la evolución de la satisfacción de los clientes con el tiempo.

Los comentarios sobre productos son otra fuente valiosa de información sobre la satisfacción de los clientes. Al examinar los comentarios dejados por los clientes en tus productos, puedes obtener información sobre lo que funciona bien y lo que podría necesitar mejorarse. Los comentarios positivos pueden indicar los puntos fuertes de tu tienda, mientras que los comentarios negativos pueden revelar áreas de mejora potencial.

Otros instrumentos de medición de la satisfacción del cliente pueden incluir el análisis del comportamiento de los clientes en tu sitio web, como el tiempo que pasan en el sitio, la tasa de rebote y la tasa de conversión. Estas medidas pueden proporcionar indicaciones sobre la experiencia general de los clientes mientras navegan y compran en tu tienda.

Es importante destacar que la medición de la satisfacción del cliente no debe ser una actividad puntual, sino un proceso continuo. Al medir regularmente la satisfacción de los clientes, puedes seguir el progreso a lo largo del tiempo, identificar rápidamente los problemas y tomar medidas para mejorar la experiencia del cliente.

◆ ◆ ◆

8.   Estudios de caso de tiendas Shopify exitosas con un excelente servicio al cliente

Examinar las mejores prácticas de otras tiendas Shopify puede proporcionar ideas valiosas y estrategias efectivas para mejorar tu propio servicio al cliente. Aquí tienes algunos ejemplos de tiendas Shopify que han tenido éxito ofreciendo un excelente servicio al cliente.

a. Allbirds

Allbirds es una marca de calzado conocida por su compromiso con la comodidad y la sostenibilidad. Pero lo que realmente distingue a Allbirds es su dedicación a un servicio al cliente excepcional. Allbirds ofrece una generosa política de devolución de 30 días, durante la cual los clientes pueden devolver sus zapatos por cualquier motivo, incluso si han sido usados. Además, el equipo de servicio al cliente de Allbirds es conocido por su respuesta rápida y útil a las preguntas y preocupaciones de los clientes.

b. Gymshark

Gymshark es una marca de ropa deportiva que ha experimentado un crecimiento rápido gracias a su presencia en línea. Gymshark ha establecido un servicio al cliente eficiente que incluye chat en vivo en su sitio web, lo que permite a los clientes recibir respuestas instantáneas a sus preguntas. Además, Gymshark utiliza las redes sociales para interactuar con sus clientes, ofreciendo otro canal para el servicio al cliente.

c. BlenderBottle

BlenderBottle es una empresa que vende agitadores de proteínas y accesorios de fitness. BlenderBottle ha puesto un fuerte énfasis en proporcionar un servicio al cliente de alta calidad, con un equipo de servicio al cliente dedicado disponible por teléfono, correo electrónico y chat en vivo. BlenderBottle también ofrece una garantía de por vida en sus productos, mostrando su compromiso con la satisfacción de los clientes.

Estos estudios de caso muestran cómo diferentes empresas han utilizado las herramientas y estrategias disponibles para proporcionar un excelente servicio al cliente. Al examinar estos ejemplos, puedes encontrar ideas e inspiración para mejorar tu propio servicio al cliente en tu tienda Shopify.

9.   Conclusión

Ofrecer un excelente servicio al cliente en tu tienda Shopify puede parecer una tarea desafiante, pero es una inversión que puede generar dividendos significativos en términos de lealtad de los clientes y crecimiento de las ventas. Con las estrategias adecuadas, las herramientas apropiadas y la disposición para escuchar y responder a las necesidades de tus clientes, puedes crear una experiencia excepcional para los clientes que diferencia tu tienda de las demás.

Un excelente servicio al cliente comienza con una comprensión profunda de las expectativas de tus clientes. En el mundo digital de hoy, los clientes esperan un servicio que sea rápido, eficiente, personalizado y accesible. Al satisfacer estas expectativas, no solo puedes resolver los problemas de los clientes, sino también crear una experiencia positiva que fortalezca su relación con tu marca.

La utilización efectiva de los canales de comunicación también es esencial para un excelente servicio al cliente. Ya sea por correo electrónico, chat en vivo, redes sociales o teléfono, cada canal ofrece oportunidades únicas para interactuar con tus clientes y satisfacer sus necesidades.

La gestión de devoluciones y reembolsos, la personalización de la experiencia del cliente, la construcción de la lealtad de los clientes y la medición de la satisfacción de los clientes son otros aspectos clave de un excelente servicio al cliente. Cada uno de estos elementos contribuye a crear una experiencia general del cliente que fomenta el retorno de los clientes.

Por último, es importante recordar que la excelencia en el servicio al cliente no es un destino, sino un viaje. Es un proceso de mejora constante en el que escuchas los comentarios de los clientes, aprendes de tus errores y buscas constantemente formas de mejorar. Con esta mentalidad, puedes convertir tu servicio al cliente en una poderosa ventaja competitiva para tu tienda Shopify.

CAPÍTULO 15: CÓMO GESTIONAR DEVOLUCIONES, REEMBOLSOS Y OPINIONES DE CLIENTES EN TU TIENDA SHOPIFY

L a gestión de devoluciones, reembolsos y opiniones de clientes es una parte esencial de administrar una tienda en línea. Estos elementos no son solo aspectos administrativos de tu negocio, sino también puntos de contacto importantes con tus clientes que pueden tener un impacto significativo en su experiencia de compra.

Las devoluciones y los reembolsos a menudo se perciben como una parte negativa de operar un negocio de comercio electrónico, pero también pueden ser una oportunidad para mostrar a tus clientes cuánto te importa su satisfacción. Una política de devolución fácil y transparente puede ayudar a fortalecer la confianza de los clientes en tu tienda y animarlos a realizar compras sabiendo que pueden devolver los artículos si no están satisfechos.

De la misma manera, las opiniones de los clientes son un recurso valioso para cualquier tienda en línea. Proporcionan retroalimentación directa sobre tus productos y servicios, lo que te permite identificar las áreas en las que destacas y aquellas que podrían necesitar mejoras. Además, las opiniones positivas pueden servir como una poderosa herramienta de marketing al proporcionar pruebas sociales que pueden alentar a otros posibles clientes a realizar una compra.

Sin embargo, gestionar devoluciones, reembolsos y opiniones de clientes puede ser un desafío, especialmente si manejas una gran cantidad de pedidos. Afortunadamente, Shopify ofrece una variedad de herramientas y funciones que pueden facilitar estos procesos.

En este capítulo, exploraremos en detalle cómo puedes gestionar de manera efectiva las devoluciones, los reembolsos y las opiniones de clientes en tu tienda Shopify. Discutiremos las mejores prácticas para establecer políticas de devolución, gestionar los procesos de devolución y reembolso, recopilar y gestionar opiniones de clientes, y mucho más. Ya seas un nuevo propietario de tienda o estés buscando mejorar tus procesos existentes, este capítulo te proporcionará la información que necesitas para gestionar estos aspectos importantes de tu negocio de manera eficaz y eficiente.

1.   Gestión de devoluciones y reembolsos

a.   Política de devolución

El primer paso para gestionar las devoluciones es establecer una política de devolución clara y transparente. Esta política es más que un simple documento legal, es una comunicación directa entre tú y tus clientes que define sus derechos y tus obligaciones en cuanto a devoluciones.

Una política de devolución bien diseñada debe ser fácilmente accesible en tu sitio web. Puedes colocarla en el pie de página, en el menú principal o incluso incluir un enlace en las descripciones de productos y correos electrónicos de confirmación de pedidos. El objetivo es asegurarte de que tus clientes puedan encontrarla fácilmente en cualquier momento, ya sea que estén haciendo una compra o considerando devolver un artículo.

Tu política de devolución debe detallar las condiciones en las que un producto puede ser devuelto. Esto puede incluir información sobre el tipo de productos que pueden ser devueltos (por ejemplo, algunos productos como ropa interior o productos personalizados pueden no ser elegibles para devolución), el estado en el que deben estar los productos para ser devueltos (por ejemplo, sin usar, en su embalaje original, etc.) y cualquier otra condición específica de tu tienda.

El proceso de devolución también debe explicarse claramente en tu política. Esto puede incluir instrucciones sobre cómo solicitar una devolución, cómo deben empacarse los productos para la devolución y la información sobre el envío de devolución, como la dirección de devolución y quién es responsable de los gastos de envío de devolución.

Finalmente, tu política de devolución debe especificar los plazos de devolución. Es común ofrecer un plazo de 30 días para devoluciones, pero puedes optar por extender o acortar ese plazo según tu modelo de negocio y tus productos.

Una política de devolución clara y transparente puede ayudar a prevenir malentendidos y conflictos con tus clientes, y también puede fortalecer la confianza de los clientes en tu tienda. Tomándote el tiempo para redactar una política de devolución detallada y fácil de entender, puedes facilitar el proceso de devolución tanto para ti como para tus clientes.

b. Proceso de devolución en Shopify

Shopify ofrece herramientas integradas para gestionar devoluciones, lo que facilita el seguimiento y la gestión de estas transacciones para los propietarios de tiendas. Estas herramientas están diseñadas para ser intuitivas y fáciles de usar, incluso para aquellos que son nuevos en la gestión de una tienda en línea.

Para iniciar el proceso de devolución en Shopify, primero debes acceder a la interfaz de administración de tu tienda. Aquí encontrarás una lista de todos los pedidos realizados en tu tienda. Puedes buscar el pedido específico que deseas devolver utilizando el número de pedido, el nombre del cliente u otros detalles relevantes.

Una vez que hayas encontrado el pedido, puedes comenzar el proceso de devolución haciendo clic en "Crear una devolución". Esto abrirá una nueva página donde podrás ingresar los detalles de la devolución.

Al crear una devolución, deberás especificar qué artículos se devolverán. Shopify te permite seleccionar los artículos específicos del pedido que se devolverán, lo que es especialmente útil si solo una parte del pedido se devuelve. También puedes especificar la cantidad de cada artículo que se devolverá si el cliente ha pedido varias unidades del mismo producto.

Además de los artículos devueltos, deberás proporcionar un motivo para la devolución. Shopify ofrece una lista de motivos de devolución comunes que puedes elegir, como "producto defectuoso" o "producto incorrecto enviado". También puedes ingresar tu propio motivo si ninguna de las opciones predefinidas se ajusta a la situación.

El proceso de devolución en Shopify está diseñado para ser lo más simple y eficiente posible, lo que te permite gestionar devoluciones de manera rápida y minimizar las interrupciones en tu negocio. Utilizando estas herramientas, puedes asegurarte de que tus clientes reciban un servicio de devolución de alta calidad, lo que puede contribuir a su satisfacción general y a su lealtad hacia tu marca.

c. Reembolsos

Además de las devoluciones, la gestión de reembolsos es otra parte esencial de la gestión de tu tienda en línea. Los reembolsos pueden ser necesarios por diversas razones, ya sea debido a un producto defectuoso, un error en el pedido o simplemente porque un cliente camb ió de opinión. Cualquiera que sea la razón, es importante gestionar los reembolsos de manera eficaz y profesional para mantener la satisfacción de los clientes.

En Shopify, el proceso de reembolso está diseñado para ser lo más sencillo posible. Para comenzar, debes acceder a la interfaz de administración de tu tienda y encontrar el pedido específico que deseas reembolsar. Esto se puede hacer utilizando el número de pedido, el nombre del cliente u otros detalles relevantes.

Una vez que hayas localizado el pedido, puedes iniciar el proceso de reembolso haciendo clic en "Reembolsar". Esto abrirá una nueva página donde podrás ingresar los detalles del reembolso.

Al crear un reembolso, debes ingresar la cantidad que deseas reembolsar. Shopify te permite reembolsar el monto total del pedido o puedes optar por reembolsar solo una parte del pedido si eso es más apropiado. Por ejemplo, si solo se devuelve un artículo de un pedido con múltiples artículos, puedes optar por reembolsar solo el costo de ese artículo.

Además del monto del reembolso, debes proporcionar un motivo para el reembolso. Al igual que con las devoluciones, Shopify ofrece una lista de motivos de reembolso comunes que puedes elegir, o puedes ingresar tu propio motivo si ninguno de los opciones predefinidas se ajusta a la situación.

Finalmente, al crear un reembolso, también tienes la opción de reponer los artículos devueltos y notificar al cliente por correo electrónico sobre el reembolso. La reposición de los artículos agrega automáticamente los artículos devueltos a tu inventario, lo que puede ayudarte a mantener niveles de inventario precisos. La notificación por correo electrónico informa al cliente que se ha realizado el reembolso, lo que puede ayudar a mantener una buena comunicación con el cliente y fortalecer su confianza en tu tienda.

Gestionando los reembolsos de manera eficaz y profesional, puedes no solo garantizar la satisfacción de los clientes, sino también mantener una gestión financiera precisa para tu tienda.

2.   Gestión de opiniones de clientes

a. Recopilación de opiniones

La recopilación de opiniones de los clientes es un paso crucial para comprender la experiencia de tus clientes y mejorar tus productos y servicios. Las opiniones de los clientes te brindan una visión directa de lo que piensan tus clientes sobre tus productos, lo que puede ayudarte a identificar tus puntos fuertes y las áreas que podrían necesitar mejoras.

Shopify comprende la importancia de las opiniones de los clientes y, por lo tanto, ofrece una aplicación de revisiones de productos integrada. Esta aplicación te permite recopilar y gestionar opiniones sobre tus productos directamente desde tu interfaz de administración de Shopify.

La aplicación de revisiones de productos de Shopify está diseñada para ser fácil de usar. Se integra directamente en tu tienda y agrega automáticamente una sección de opiniones a cada página de producto. Los clientes pueden dejar una opinión completando un simple formulario en la página del producto.

Además de recopilar opiniones, la aplicación te permite moderar las opiniones. Esto significa que puedes revisar cada opinión antes de que se publique en tu sitio, lo que te brinda la oportunidad de responder a las preocupaciones de los clientes o rechazar opiniones que no cumplan con tus pautas.

La aplicación también ofrece opciones para personalizar la apariencia de las opiniones en tu sitio. Puedes elegir el color, el tamaño y el estilo de las estrellas de calificación, y también puedes agregar imágenes o videos a las opiniones.

Al utilizar la aplicación de revisiones de productos de Shopify, no solo puedes recopilar valiosas opiniones de tus clientes, sino también crear una experiencia de revisión que se ajuste a tu marca y tienda. Las opiniones de los clientes pueden ser una poderosa herramienta de marketing, y al integrarlas de manera profesional y atractiva en tu sitio, puedes alentar a más clientes a dejar opiniones y compartir sus experiencias.

b. Gestión de opiniones

Una vez que hayas comenzado a recopilar opiniones, es importante gestionarlas de manera efectiva. La gestión de opiniones no se limita a su recopilación, sino que también incluye su análisis, respuesta y uso para mejorar tu tienda.

El primer paso en la gestión de opiniones es leerlas y comprenderlas. Esto puede parecer obvio, pero es esencial tomarse el tiempo para leer cuidadosamente cada opinión y comprender lo que el cliente ha gustado o no gustado. Esto puede brindarte información valiosa sobre las fortalezas de tus productos y las áreas que podrían necesitar mejoras.

Responder a las opiniones también es una parte importante de su gestión. Ya sea que la opinión sea positiva o negativa, siempre es bueno responder. Para opiniones positivas, a menudo un simple agradecimiento es suficiente para mostrar al cliente que aprecias su apoyo. Para opiniones negativas, una respuesta cuidadosamente pensada puede mostrar al cliente que tomas en serio sus preocupaciones y que estás comprometido en resolver el problema. En cualquier caso, una respuesta demuestra que estás atento a los comentarios de tus clientes y que te preocupas por su experiencia.

Por último, es importante utilizar las opiniones para mejorar tu tienda. Las opiniones de los clientes pueden brindarte una visión directa de lo que funciona y lo que no funciona en tu tienda. Al tener en cuenta estos comentarios, puedes realizar cambios en tus productos, servicio al cliente, sitio web y otros aspectos de tu tienda para mejorar la experiencia general de tus clientes.

La gestión efectiva de las opiniones no solo puede mejorar la satisfacción de los clientes, sino también fortalecer la reputación de tu tienda y aumentar tus ventas. Al tomar el tiempo necesario para gestionar adecuadamente las opiniones, puedes sacar el máximo provecho de este valioso recurso.

c.   Importación y exportación de opiniones

La aplicación de revisiones de productos de Shopify también ofrece la posibilidad de importar y exportar opiniones de productos. Estas funciones pueden ser extremadamente útiles en diversas situaciones, ya sea que estés migrando desde otro servicio de opiniones, desees analizar tus opiniones fuera de Shopify o necesites hacer una copia de seguridad de tus opiniones por motivos de seguridad o cumplimiento.

i.   *Importación de opiniones*

Si estás migrando desde otro servicio de opiniones o has

recopilado opiniones de otras maneras, la importación de opiniones puede ayudarte a integrar esas opiniones en tu tienda Shopify. La aplicación de revisiones de productos de Shopify permite importar opiniones desde un archivo CSV, lo que significa que puedes transferir fácilmente opiniones desde la mayoría de las otras plataformas o formatos de datos.

Al importar opiniones, es importante asegurarse de que tus datos estén formateados correctamente para que sean compatibles con la aplicación de revisiones de productos de Shopify. Esto puede incluir información como el nombre del producto, el ID del producto, el nombre del cliente, la calificación de la revisión, el título de la revisión, el texto de la revisión y la fecha de la revisión.

ii.   *Exportación de opiniones*

Del mismo modo, la exportación de opiniones puede ser útil si deseas analizar tus opiniones fuera de Shopify, deseas hacer una copia de seguridad de tus opiniones o planeas migrar a otra plataforma. La aplicación de revisiones de productos de Shopify te permite exportar tus opiniones en un archivo CSV, lo que te permite utilizarlas en una variedad de otras aplicaciones o plataformas.

Al exportar opiniones, puedes optar por exportar todas tus opiniones o solo una selección de opiniones. Por ejemplo, puedes elegir exportar solo las opiniones para un producto específico, solo las opiniones con una calificación determinada o solo las opiniones de un período determinado.

Utilizando las funciones de importación y exportación de la aplicación de revisiones de productos de Shopify, puedes gestionar tus opiniones de manera más flexible y eficiente, y asegurarte de que siempre puedas acceder y utilizar tus opiniones, independientemente del contexto.

3.   Conclusión

La gestión eficaz de devoluciones, reembolsos y opiniones de los clientes es un componente esencial para el éxito de tu tienda Shopify. Estos aspectos, aunque a veces se consideran secundarios en comparación con la venta de productos, son en realidad elementos clave que contribuyen a la satisfacción general de los clientes y a la reputación de tu tienda. Utilizando las herramientas integradas de Shopify, puedes simplificar y automatizar muchos aspectos de la gestión de devoluciones y reembolsos. Estas herramientas te permiten manejar las solicitudes de devolución de manera ordenada, reembolsar a los clientes rápidamente y reponer los artículos devueltos en tu inventario, todo ello directamente desde la interfaz de administración de Shopify.

Del mismo modo, la aplicación de revisiones de productos de Shopify te brinda una plataforma para recopilar, gestionar y responder a las opiniones de los clientes. Estas opiniones son una fuente valiosa de información que puede ayudarte a comprender las necesidades y preferencias de tus clientes, mejorar tus productos y servicios y fortalecer la confianza de los clientes en tu tienda.

Estableciendo políticas claras para devoluciones y reembolsos, también puedes ayudar a prevenir malentendidos y fortalecer la confianza de los clientes. Una política de devolución transparente y un proceso de reembolso rápido pueden marcar una gran diferencia en la experiencia de compra de un cliente y pueden incluso transformar una experiencia negativa en una experiencia positiva.

En última instancia, la gestión efectiva de devoluciones, reembolsos y opiniones de los clientes se trata de servicio al cliente. Al centrarte en la satisfacción del cliente y hacer todo lo posible para resolver problemas y atender preocupaciones, no solo puedes garantizar una experiencia positiva para tus clientes, sino también mejorar continuamente tu tienda y aumentar tus posibilidades de éxito a largo plazo.

CAPÍTULO 16: CÓMO AUMENTAR EL VALOR PROMEDIO DE LOS PEDIDOS Y LA TASA DE CONVERSIÓN EN TU TIENDA SHOPIFY

En el mundo del comercio electrónico, dos indicadores clave desempeñan un papel fundamental en la maximización de los ingresos de tu tienda Shopify: el valor promedio de los pedidos (Average Order Value, AOV) y la tasa de conversión. El AOV representa la cantidad promedio que los clientes gastan cada vez que realizan un pedido en tu tienda. Aumentar el AOV significa aumentar la cantidad que cada cliente gasta en promedio, lo que puede tener un impacto significativo en tus ingresos totales.

Por otro lado, la tasa de conversión es el porcentaje de visitantes de tu tienda que realizan una compra. Una tasa de conversión más alta significa que eres más efectivo en persuadir a los visitantes de tu sitio para que tomen acción y se conviertan en clientes pagadores. Es un indicador clave de la eficacia de tu estrategia de marketing y ventas.

Ambos indicadores están estrechamente relacionados con tu rentabilidad general. Al alentar a los clientes a comprar más artículos en cada pedido y al convertir a más visitantes en clientes, puedes aumentar tus ingresos sin necesidad de atraer

más tráfico a tu sitio. Esta es una estrategia más rentable y sostenible a largo plazo.

Sin embargo, aumentar el AOV y la tasa de conversión no es una tarea fácil. Requiere una comprensión profunda de tu audiencia, una estrategia de marketing y ventas bien diseñada y una ejecución impecable. En las secciones siguientes, exploraremos varias estrategias que puedes implementar para aumentar el valor promedio de los pedidos y la tasa de conversión en tu tienda Shopify.

◆ ◆ ◆

1.   Aumentar el valor promedio de los pedidos

a.   Ofrecer descuentos en compras al por mayor

La incentivación de la compra al por mayor es una estrategia comprobada para aumentar el valor promedio de los pedidos. Al ofrecer descuentos en las compras al por mayor, animas a los clientes a comprar más artículos cada vez que hacen un pedido, aumentando así el monto total de la venta.

Por ejemplo, puedes establecer una estructura de descuento progresivo en la que la compra de dos artículos otorgue un descuento del 10%, y la compra de tres artículos o más otorgue un descuento del 20%. Esto crea una sensación de urgencia y valor para el cliente, motivándolos a comprar más para ahorrar más.

Además, esta estrategia puede ser especialmente efectiva si vendes productos que a menudo se compran juntos o que son necesarios en múltiples cantidades. Por ejemplo, si vendes productos de belleza, puedes ofrecer un descuento en la compra de varios productos de la misma línea. O si vendes suministros de oficina, puedes ofrecer un descuento en la compra de múltiples unidades del mismo artículo.

Es importante destacar que esta estrategia debe implementarse con cuidado. Debes asegurarte de ofrecer descuentos en productos que tengan un margen suficiente para absorber el descuento sin afectar tu rentabilidad. Además, debes comunicar claramente los detalles de la oferta a tus clientes para evitar cualquier confusión.

En última instancia, ofrecer descuentos en compras al por mayor es una estrategia beneficiosa tanto para los clientes, que sienten que están obteniendo un buen trato, como para tu negocio, ya que aumenta el valor promedio de los pedidos.

b.   Ofrecer ventas adicionales y ventas cruzadas

Las ventas adicionales y las ventas cruzadas son técnicas de marketing poderosas que pueden aumentar significativamente el valor promedio de los pedidos en tu tienda Shopify. No solo aumentan el monto de cada venta, sino que también mejoran la experiencia de compra del cliente al ofrecerles productos que agregan valor a su compra inicial.

i.   *Ventas adicionales*

Las ventas adicionales consisten en alentar a los clientes a comprar una versión más cara o de mayor calidad de un producto que ya han elegido. Por ejemplo, si un cliente está interesado en una computadora portátil básica, puedes sugerirle un modelo más avanzado que ofrezca un mejor rendimiento o características adicionales. La idea es mostrar al cliente cómo un gasto ligeramente mayor puede proporcionarle un valor significativamente mayor.

Es importante ser táctico al proponer ventas adicionales. Los clientes no deben sentir que se les está presionando, sino que se les está ofreciendo una opción que podría satisfacer mejor sus necesidades. También es crucial ofrecer productos que sean realmente relevantes para el cliente y que añadan valor a su compra.

ii. *Ventas cruzadas*

Por otro lado, las ventas cruzadas implican alentar a los clientes a comprar productos complementarios a los que ya han elegido. Por ejemplo, si un cliente compra un vestido, puedes sugerirle que también compre zapatos a juego o un bolso que complemente su atuendo. Las ventas cruzadas pueden ayudar a aumentar el valor promedio de los pedidos al motivar a los clientes a realizar compras adicionales que inicialmente no habían planeado.

Al igual que con las ventas adicionales, las ventas cruzadas deben realizarse con cuidado. Los productos sugeridos deben ser relevantes y agregar valor a la compra inicial del cliente. Además, es importante no abrumar al cliente con demasiadas sugerencias, ya que esto podría complicar el proceso de compra y disuadir al cliente de finalizar su compra.

Al comb inar estratégicamente las ventas adicionales y las ventas cruzadas, puedes aumentar el valor promedio de los pedidos mientras mejoras la experiencia de compra de tus clientes.

c. Ofrecer envío gratuito para pedidos de cierto monto

Una de las estrategias más efectivas para aumentar el valor promedio de los pedidos es ofrecer envío gratuito para pedidos que alcancen un cierto umbral. Los gastos de envío suelen ser un factor determinante en la decisión de compra de un cliente. De hecho, estudios han demostrado que los costos de envío elevados son una de las principales razones por las que los clientes abandonan sus carritos de compra. Al ofrecer envío gratuito, no solo puedes animar a los clientes a completar su compra, sino también a agregar más artículos a su carrito para alcanzar el umbral de envío gratuito.

Por ejemplo, si estableces el umbral de envío gratuito en 50 euros, un cliente que ya ha agregado artículos por un total de 40 euros a su carrito podría verse incentivado a buscar y agregar otro artículo por valor de 10 euros para obtener el envío gratuito. Esto no solo aumenta el valor del pedido actual, sino que también introduce al cliente a otro producto que podría comprar nuevamente en el futuro.

Es importante tener en cuenta que esta estrategia debe implementarse de manera reflexiva. El umbral de envío gratuito debe establecerse a un nivel que aliente a los clientes a agregar más artículos a su carrito, pero que no sea tan alto como para disuadir las compras. Además, debes asegurarte de que puedes ofrecer envío gratuito sin perjudicar tu rentabilidad.

En última instancia, ofrecer envío gratuito para pedidos de cierto monto es una estrategia beneficiosa tanto para los clientes, que se sienten motivados a comprar y a obtener un beneficio adicional, como para tu negocio, ya que aumenta el valor promedio de los pedidos.

2.   Aumentar la tasa de conversión

a. Optimizar la página de producto

La optimización de la página de producto es un paso crucial para aumentar la tasa de conversión. A menudo es el punto de decisión para los clientes, donde evalúan la información disponible y deciden agregar el producto a su carrito o buscar en otro lugar. Aquí hay algunos elementos clave a considerar para optimizar tus páginas de productos.

i.   Uso de imágenes de alta calidad

Las imágenes de los productos son uno de los primeros elementos que los clientes ven cuando llegan a una página de producto. Las imágenes de alta calidad pueden ayudar a crear una primera impresión positiva y dar a los clientes una buena idea de cómo es el producto. Se recomienda incluir varias imágenes desde diferentes ángulos y, si es posible, imágenes del producto en uso. Esto permite a los clientes visualizar el producto en diferentes contextos y comprender cómo podría integrarse en su vida cotidiana.

ii.   Redacción de descripciones de productos detalladas y convincentes

Las descripciones de productos desempeñan un papel crucial al proporcionar información a los clientes sobre las características y beneficios del producto. Una buena descripción de producto debe ser informativa y convincente. Debe resaltar las características clave del producto, explicar cómo resuelve un problema o satisface una necesidad del cliente y utilizar palabras y frases que generen emoción y entusiasmo. También es importante utilizar un lenguaje claro y sencillo para facilitar la comprensión del cliente.

iii.   Destacar los beneficios del producto

Además de describir las características del producto, es importante destacar los beneficios que este aporta al cliente.

Esto puede incluir elementos como la durabilidad del producto, su eficacia o cómo puede mejorar la vida del cliente. Resaltar estos beneficios puede ayudar a convencer a los clientes sobre el valor del producto y motivarlos a realizar una compra.

iv.   Hacer que el botón "Agregar al carrito" sea visible y fácil de hacer clic

Finalmente, el botón "Agregar al carrito" es uno de los elementos más importantes de la página de producto. Debe ser fácil de encontrar y hacer clic. Un botón "Agregar al carrito" que sea difícil de localizar o hacer clic puede frustrar a los clientes y disuadirlos de realizar una compra. Se recomienda utilizar un color contrastante para el botón "Agregar al carrito" para que se destaque y utilizar un tamaño lo suficientemente grande para que sea fácilmente clickeable.

Al optimizar estos elementos de la página de producto, puedes crear una experiencia de compra más agradable para tus clientes y aumentar la tasa de conversión de tu tienda Shopify.

b. Simplificar el proceso de pago

Un proceso de pago fluido y sin fricciones es esencial para convertir a los visitantes en clientes. Si el proceso es demasiado complicado o lleva demasiado tiempo, los clientes pueden abandonar su carrito y buscar en otros lugares. Aquí hay algunas estrategias para simplificar el proceso de pago y aumentar la tasa de conversión.

i.   Ofrecer varias opciones de pago

Los clientes valoran la flexibilidad cuando se trata de pagar sus compras. Al ofrecer múltiples opciones de pago, puedes acomodar a una variedad más amplia de clientes, incluyendo aquellos que prefieren tarjetas de crédito, débito,

PayPal o incluso transferencias bancarias. Asegúrate también de garantizar la seguridad en todas las transacciones para proteger la información financiera de tus clientes y fortalecer su confianza en tu tienda.

ii.   *Reducir la cantidad de páginas o pasos*

Cada paso adicional en el proceso de pago brinda a los clientes una oportunidad para reconsiderar su compra y abandonar su carrito. Al reducir la cantidad de páginas o pasos necesarios para completar una compra, puedes agilizar el proceso y facilitarlo para tus clientes, aumentando así la probabilidad de que finalicen su compra.

iii.   *Permitir compras como invitado*

Obligar a los clientes a crear una cuenta antes de poder realizar una compra puede ser un obstáculo importante. Algunos clientes pueden no querer tomarse el tiempo para crear una cuenta, o pueden preocuparse por la seguridad de sus datos personales. Permitir que los clientes realicen compras como invitados elimina este obstáculo y hace que el proceso de pago sea más rápido y sencillo.

iv.   *Optimizar para dispositivos móviles*

Cada vez más clientes realizan sus compras en dispositivos móviles, por lo que es esencial que tu proceso de pago esté optimizado para estos dispositivos. Esto significa que los botones deben ser lo suficientemente grandes para ser fáciles de tocar en pantallas táctiles, que el texto debe ser lo suficientemente grande como para ser fácilmente legible en pantallas pequeñas y que las páginas deben cargar rápidamente para evitar que los clientes esperen.

c.   **Utilizar llamados a la acción claros**

Los llamados a la acción (CTA) son elementos esenciales de cualquier estrategia de marketing en línea. Guiar a los usuarios a través del proceso de compra, indicando claramente lo que deben hacer a continuación. Un CTA efectivo puede aumentar significativamente la tasa de conversión de tu tienda Shopify. Aquí hay algunos aspectos a considerar al crear tus CTA.

i.   Claridad del mensaje

Un buen CTA debe ser claro y directo. Debe indicar precisamente lo que los clientes deben hacer a continuación y qué pueden esperar a cambio. Por ejemplo, "Agregar al carrito" o "Comprar ahora" son CTA claros que indican exactamente lo que el cliente debe hacer. Evita términos vagos o genéricos que puedan generar confusión.

ii.   Visibilidad del CTA

El CTA debe ser claramente visible y destacarse del resto de la página. Esto implica el uso de un color contrastante que llame la atención y ubicar el CTA en un lugar donde es probable que los clientes lo vean. Por ejemplo, el botón "Agregar al carrito" debe estar cerca de la imagen del producto y la descripción, donde los clientes son más propensos a buscarlo.

iii.   Tamaño y diseño del CTA

El tamaño del CTA debe ser lo suficientemente grande como para que sea fácil hacer clic en él, especialmente para los usuarios en dispositivos móviles. El diseño del CTA también debe ser atractivo y coherente con el resto de tu marca. Esto puede incluir el uso de los colores de tu marca, las fuentes de texto y otros elementos de diseño.

iv.   Prueba y optimización del CTA

Finalmente, es importante probar y optimizar tus CTA para

maximizar su efectividad. Esto puede incluir pruebas A/B con diferentes textos, colores, ubicaciones y diseños de CTA para ver cuál funciona mejor. Utilizando herramientas de análisis, puedes rastrear el rendimiento de tus CTA y hacer ajustes según los resultados obtenidos.

Mediante el uso de llamados a la acción claros y efectivos, puedes guiar a los clientes a través del proceso de compra, aumentar la tasa de conversión y, en última instancia, incrementar las ventas de tu tienda Shopify.

d. Ofrecer un excelente servicio al cliente

Un servicio al cliente excepcional es un elemento fundamental de cualquier negocio exitoso y puede tener un impacto significativo en la tasa de conversión de tu tienda Shopify. Un buen servicio al cliente puede ayudar a tranquilizar a los clientes, resolver sus problemas y responder a sus preguntas, lo que puede motivarlos a finalizar su compra. Aquí tienes algunas formas de ofrecer un excelente servicio al cliente.

i. *Chat en vivo*

Ofrecer un chat en vivo en tu sitio web puede proporcionar asistencia instantánea a los clientes que tienen preguntas o inquietudes. Esto puede ayudar a resolver problemas en tiempo real, lo que puede incentivar a los clientes a finalizar su compra. Además, el chat en vivo puede brindar una experiencia más personal e interactiva, lo que puede ayudar a establecer una relación más sólida con los clientes.

ii. *Respuesta rápida a los correos electrónicos de los clientes*

Los clientes aprecian una respuesta rápida a sus correos electrónicos. Esto muestra que tomas en serio sus preocupaciones y que estás dispuesto a tomarte el tiempo para ayudarlos. Intenta responder a los correos electrónicos de los clientes en un plazo de 24 horas, si es posible. Si una respuesta a una pregunta lleva más tiempo, avisa al cliente de que has recibido su correo electrónico y que estás trabajando en obtener una respuesta.

iii.   *Información clara y detallada sobre las políticas de devolución y reembolso*

Las políticas de devolución y reembolso claras y detalladas pueden ayudar a tranquilizar a los clientes acerca de su compra. Esto puede ser especialmente importante para aquellos clientes que compran artículos costosos o que no están seguros de su compra. Asegúrate de que tus políticas de devolución y reembolso sean fácilmente accesibles en tu sitio web y estén redactadas en un lenguaje claro y sencillo.

iv.   *. Capacitación del personal de atención al cliente*

Asegúrate de que tu personal de atención al cliente esté bien capacitado y sea capaz de responder a las preguntas e inquietudes de los clientes. Deben estar informados sobre tus productos, políticas y procedimientos para poder brindar respuestas precisas y útiles.

Ofreciendo un excelente servicio al cliente, puedes aumentar la satisfacción de los clientes, mejorar la tasa de conversión y fortalecer la lealtad de los clientes hacia tu marca.

3.   *Conclusión*

A umentar el valor promedio de las órdenes y la tasa de conversión es una tarea compleja que requiere planificación estratégica y una implementación efectiva. Es un proceso continuo que requiere atención constante y ajustes regulares para adaptarse a las cambiantes necesidades de tus clientes y a las tendencias del mercado. Las estrategias que hemos discutido, como ofrecer descuentos en compras al por mayor, proponer ventas adicionales y ventas cruzadas, ofrecer envío gratuito para órdenes de cierto monto, optimizar la página del producto, simplificar el proceso de pago, utilizar llamados a la acción claros y brindar un excelente servicio al cliente, son todas estrategias probadas para aumentar el valor promedio de las órdenes y la tasa de conversión.

Sin embargo, es importante recordar que cada tienda Shopify es única y lo que funciona para una tienda puede no funcionar para otra. Por lo tanto, es crucial probar diferentes estrategias, rastrear los resultados y ajustar tus tácticas en consecuencia.

En última instancia, el objetivo es crear una experiencia de compra positiva para tus clientes que los motive no solo a comprar más, sino también a regresar para futuras compras. Al centrarte en proporcionar valor a tus clientes y trabajar constantemente en mejorar su experiencia, puedes maximizar los ingresos de tu tienda Shopify y garantizar el éxito a largo plazo de tu negocio de dropshipping.

Por último, recuerda que el éxito no llega de la noche a la mañana. Se requiere tiempo, paciencia y perseverancia para construir un negocio de dropshipping exitoso. Pero con una estrategia bien pensada y una ejecución efectiva, puedes aumentar el valor promedio de las órdenes y la tasa de conversión, y convertir tu tienda Shopify en un éxito.

CAPÍTULO 17: CÓMO UTILIZAR EL REMARKETING PARA AUMENTAR LAS VENTAS EN TU TIENDA SHOPIFY

El remarketing, también conocido como retargeting, es una estrategia de marketing digital que ha revolucionado la forma en que las empresas interactúan con sus clientes potenciales. Es un enfoque que permite a las empresas volver a conectar con los visitantes de su sitio web que no han realizado una compra o no han completado una acción deseada, como llenar un formulario o suscribirse a un boletín.

Esta estrategia se basa en el uso de cookies, pequeños archivos de datos almacenados en el navegador del usuario, que permiten rastrear las actividades en línea del usuario y recopilar información sobre sus hábitos de navegación. Luego, esta información se utiliza para mostrar anuncios personalizados y dirigidos al usuario cuando visita otros sitios web o utiliza aplicaciones móviles.

En el contexto del comercio electrónico y más específicamente de Shopify, una plataforma de comercio electrónico ampliamente utilizada por empresas de todos los tamaños, el remarketing puede ser una herramienta poderosa para aumentar las ventas y la fidelidad de los clientes. De hecho, al dirigirse a los usuarios que ya han mostrado interés en sus productos o servicios, puede aumentar la relevancia de sus mensajes publicitarios y mejorar la eficacia de sus esfuerzos de marketing.

Además, el remarketing también puede ayudar a aumentar el reconocimiento de la marca y fortalecer la relación entre la empresa y el cliente. Al ver regularmente su marca y sus productos, los clientes tienen más probabilidades de recordarla y considerar su empresa como una opción viable cuando estén listos para realizar una compra.

En resumen, el remarketing es una estrategia esencial de marketing digital que puede ayudar a las empresas a maximizar su potencial de ventas, mejorar el reconocimiento de su marca y fortalecer sus relaciones con los clientes.

◆ ◆ ◆

1.   ¿Qué es el remarketing?

El remarketing, a veces llamado retargeting, es una estrategia de marketing digital sofisticada que permite mostrar anuncios personalizados a usuarios que ya han visitado su sitio web o interactuado con su contenido en línea. Esta técnica se basa en el uso de cookies, pequeños archivos de datos que se colocan en la computadora o dispositivo móvil del usuario cuando visita su sitio. Estas cookies recopilan información sobre los hábitos de navegación del usuario, incluidas las páginas que ha visitado, los productos que ha consultado y las acciones que ha realizado en su sitio.

Una vez instaladas estas cookies, permiten que su empresa siga al usuario mientras navega por Internet. Cuando el usuario visita otros sitios web que forman parte de la misma red publicitaria, estas cookies señalan su presencia y activan la exhibición de anuncios dirigidos a su empresa. Estos anuncios pueden personalizarse en función de la información recopilada por las cookies, lo que permite mostrar anuncios directamente relacionados con los intereses y las interacciones anteriores del usuario en su sitio.

El remarketing es una técnica poderosa porque permite dirigirse a usuarios que ya han mostrado interés en su empresa, aumentando así la probabilidad de que regresen a su sitio para realizar una compra. Además, al mostrar anuncios personalizados que están directamente relacionados con los intereses del usuario, el remarketing puede mejorar la eficacia de sus anuncios y aumentar el retorno de la inversión de sus esfuerzos de marketing digital.

En resumen, el remarketing es una estrategia de marketing digital que permite a las empresas mantenerse en la mente de los consumidores, mejorar la relevancia de sus anuncios y aumentar la eficacia de sus esfuerzos de marketing en línea.

◆ ◆ ◆

2.   ¿Por qué es importante el remarketing para tu tienda Shopify?

El remarketing es particularmente útil para las tiendas Shopify por varias razones. En primer lugar, permite dirigirse a usuarios que ya han mostrado interés en sus productos o servicios. Esto significa que sus anuncios tienen más probabilidades de ser relevantes e interesantes para estos usuarios, lo que puede aumentar la probabilidad de que realicen una compra. En otras palabras, el remarketing le permite aprovechar al máximo su tráfico existente al volver a conectarse con los usuarios que ya han mostrado interés en su marca.

Además, el remarketing puede ayudar a aumentar el reconocimiento de su marca. Al mostrar regularmente anuncios a usuarios que ya han visitado su sitio, puede mantenerse en la parte superior de su mente. Esto puede ser especialmente útil en el mundo del comercio electrónico, donde los consumidores a menudo se enfrentan a muchas opciones y pueden olvidar fácilmente una marca que han visitado solo una vez.

El remarketing también puede ayudar a aumentar el valor de vida del cliente. Al dirigirse a usuarios que ya han realizado una compra en su sitio, puede alentarlos a regresar y realizar compras adicionales.

Esto puede ser especialmente efectivo si utiliza el remarketing para mostrar anuncios de productos complementarios o ofertas especiales que puedan interesar a sus clientes existentes.

Finalmente, el remarketing puede ayudarlo a recopilar datos valiosos sobre sus clientes. Al seguir los hábitos de navegación y los comportamientos de compra de sus usuarios, puede obtener información valiosa que puede ayudarlo a refinar su estrategia de marketing y mejorar la experiencia del usuario en su sitio.

En resumen, el remarketing es una herramienta esencial para cualquier tienda Shopify que busque maximizar su potencial de ventas, aumentar el reconocimiento de su marca, mejorar la fidelidad del cliente y recopilar datos valiosos sobre sus clientes.

3.   Cómo implementar una estrategia de remarketing para tu tienda Shopify

a.   Uso de las herramientas de remarketing de Google

Google, como uno de los principales actores del mundo digital, ofrece una suite de herramientas de remarketing sólidas que se pueden integrar con Shopify para maximizar sus esfuerzos de marketing. Estas herramientas están diseñadas para ayudarlo a llegar a los usuarios que ya han interactuado con su sitio web o su aplicación móvil, mostrándoles anuncios personalizados cuando navegan por la web o utilizan aplicaciones móviles.

Una de las herramientas más populares es Google Ads, que ofrece una función de remarketing potente y flexible. Con Google Ads, puede crear listas de remarketing basadas en los comportamientos específicos de los usuarios en su sitio. Por ejemplo, puede dirigirse a usuarios que han visitado una página de producto específica, agregado un artículo a su carrito de compras o realizado una compra. Estas listas luego se pueden utilizar para mostrar anuncios dirigidos en Google o en otros sitios web que forman parte de la Red de Display de Google.

Además de Google Ads, Google también ofrece Google Analytics, una herramienta que se puede utilizar para rastrear y analizar el comportamiento de los usuarios en su sitio. Integrando Google Analytics con su tienda Shopify, puede obtener información valiosa sobre cómo los usuarios interactúan con su sitio, lo que puede ayudarlo a refinar su estrategia de remarketing.

Google también ofrece la opción de remarketing dinámico, que le permite mostrar a los usuarios anuncios de productos que ya han visto en su sitio. Esto puede ser especialmente efectivo para alentar a los usuarios a regresar a su sitio y realizar una compra.

En resumen, las herramientas de remarketing de Google ofrecen una variedad de opciones para ayudarlo a dirigirse y llegar a usuarios que ya han mostrado interés en su tienda Shopify, aumentando así la probabilidad de conversiones y compras repetidas.

b. Uso del remarketing en redes sociales

Las redes sociales se han convertido en un componente esencial de la estrategia de marketing digital de cualquier empresa, y el remarketing en estas plataformas puede ser especialmente efectivo. Muchas redes sociales, como Facebook e Instagram, ofrecen opciones de remarketing que le permiten dirigirse a usuarios que han visitado su sitio con anuncios cuando utilizan estas redes sociales.

Facebook, por ejemplo, ofrece una herramienta llamada "Públicos personalizados" que le permite dirigirse a usuarios que han visitado su sitio o utilizado su aplicación móvil. También puede crear "Públicos similares" para llegar a nuevos usuarios que tienen características similares a las de sus clientes existentes. Estas herramientas se pueden utilizar para mostrar anuncios dirigidos en Facebook, Instagram y otros sitios y aplicaciones que forman parte de la Red de Audiencia de Facebook.

Instagram, que es propiedad de Facebook, también ofrece opciones de remarketing similares. Puede utilizar las herramientas de Instagram para dirigirse a usuarios que han visitado su sitio con anuncios cuando utilizan Instagram. Además, como Instagram es una plataforma visual, puede utilizar imágenes y videos atractivos para llamar la atención de los usuarios y alentarlos a regresar a su sitio.

Además de Facebook e Instagram, otras redes sociales como Twitter y LinkedIn también ofrecen opciones de remarketing.

Estas plataformas pueden ser especialmente útiles si su público objetivo es más propenso a utilizar estas redes.

Al utilizar el remarketing en las redes sociales, no solo puede llegar a usuarios que ya han mostrado interés en su tienda Shopify, sino que también puede aprovechar la naturaleza social de estas plataformas para llegar a nuevos usuarios y aumentar el reconocimiento de su marca.

c. Uso de herramientas de remarketing de terceros

Además de las opciones de remarketing ofrecidas por Google y las redes sociales, también existen muchas herramientas de remarketing de terceros que se pueden utilizar con Shopify para mejorar aún más sus esfuerzos de marketing. Estas herramientas pueden ofrecer características adicionales, como la capacidad de dirigirse a usuarios en función de su comportamiento en su sitio, crear anuncios más personalizados o realizar un seguimiento más detallado del rendimiento de sus campañas de remarketing.

Entre las herramientas de remarketing de terceros más populares se encuentran AdRoll, Criteo y Retargeter. Estas plataformas ofrecen una variedad de características que pueden ayudarlo a crear campañas de remarketing más efectivas. Por ejemplo, AdRoll ofrece opciones de orientación basadas en el comportamiento del usuario en su sitio, como visitar páginas específicas o agregar productos a su carrito. Criteo, por otro lado, utiliza inteligencia artificial para optimizar sus anuncios y llegar a los usuarios en el momento más propicio para realizar una compra.

Además, estas herramientas de remarketing de terceros a menudo se pueden integrar con otras herramientas de marketing que está utilizando, como su sistema de gestión de relaciones con los clientes (CRM) o su plataforma de automatización de marketing. Esto puede ayudarlo a crear una estrategia de marketing más coherente y efectiva.

En resumen, el uso de herramientas de remarketing de terceros puede brindarle más flexibilidad y control sobre sus campañas de remarketing, ayudándole a alcanzar sus objetivos de marketing de manera más efectiva. Sin embargo, es importante elegir una herramienta que se adapte a sus necesidades y objetivos, y tomar el tiempo para comprender cómo utilizar esa herramienta para obtener los mejores resultados.

4.   Cómo optimizar su estrategia de remarketing

a.   Segmenta tu audiencia

La segmentación de su audiencia es un paso crucial para optimizar sus esfuerzos de remarketing. Al dividir su audiencia en grupos distintos en función de criterios específicos, puede asegurarse de que está dirigiendo a los usuarios adecuados con los anuncios adecuados, lo que puede aumentar la eficacia de sus campañas de remarketing.

Por ejemplo, puede dirigirse a usuarios que han agregado un producto a su carrito pero no han realizado una compra. Estos usuarios han mostrado un interés claro en un producto específico, y dirigirse a ellos con anuncios para ese producto puede alentarlos a regresar a su sitio y completar su compra.

Del mismo modo, puede dirigirse a usuarios que han visitado una página específica de su sitio, como una página de categoría de productos o una página de ventas. Estos usuarios han mostrado interés en un tipo de producto o una oferta específica, y dirigirse a ellos con anuncios relevantes puede aumentar la probabilidad de que realicen una compra.

Además, también puede segmentar su audiencia en función de criterios demográficos, como edad, género, ubicación o intereses. Esto puede ayudarlo a crear anuncios más personalizados y relevantes para cada segmento de su audiencia.

Finalmente, recuerde que la segmentación de su audiencia no es una acción única. Es importante revisar y ajustar regularmente sus segmentos de audiencia en función del rendimiento de sus campañas de remarketing y los cambios en el comportamiento de sus usuarios.

En resumen, la segmentación de su audiencia es un paso esencial para optimizar sus esfuerzos de remarketing. Al dirigirse a los usuarios adecuados con los anuncios adecuados, puede aumentar la eficacia de sus campañas de remarketing y maximizar el retorno de la inversión de sus esfuerzos de marketing.

b. Crea anuncios personalizados

La personalización es clave para el éxito de cualquier campaña de remarketing. Al crear anuncios que se adapten específicamente a los intereses y comportamientos de cada usuario, puede aumentar la eficacia de sus anuncios y mejorar la experiencia del usuario.

Por ejemplo, puede utilizar el remarketing dinámico para mostrar a los usuarios anuncios de productos que ya han visto o agregado a su carrito en su sitio. Estos anuncios pueden recordar a los usuarios los productos que les gustaron y animarlos a regresar a su sitio y realizar una compra.

Además, puede personalizar sus anuncios ofreciendo descuentos o ofertas especiales. Por ejemplo, puede ofrecer un descuento a los usuarios que han agregado un producto a su carrito pero no han realizado una compra, o ofrecer envío gratuito para alentarlos a realizar una compra. Estas ofertas pueden ser un poderoso incentivo para que los usuarios regresen a su sitio y realicen una compra.

Además, recuerde que la personalización no se limita solo al contenido de sus anuncios, sino también a su apariencia. Utilice imágenes y diseños atractivos que reflejen su marca y capten la atención del usuario. Asegúrese también de que sus anuncios estén optimizados para todos los dispositivos, incluidos ordenadores de sobremesa, tabletas y teléfonos inteligentes.

En resumen, la creación de anuncios personalizados puede aumentar significativamente la eficacia de sus campañas de remarketing. Al mostrar a los usuarios anuncios que están directamente relacionados con sus intereses y comportamientos, puede aumentar la relevancia de sus anuncios y mejorar la experiencia del usuario.

c.   Prueba y ajusta tu estrategia

Al igual que con cualquier estrategia de marketing, es crucial probar y ajustar su estrategia de remarketing para optimizar su eficacia. El mundo del marketing digital está en constante evolución, y lo que funciona hoy puede no funcionar mañana. Por lo tanto, es importante adoptar un enfoque proactivo y flexible para administrar sus campañas de remarketing.

Puede probar diferentes tipos de anuncios para ver cuáles atraen más la atención de los usuarios y los animan a hacer clic. Por ejemplo, puede probar anuncios con diferentes imágenes, mensajes o llamadas a la acción para ver cuál funciona mejor.

Del mismo modo, puede probar diferentes segmentos de audiencia para ver cuáles responden mejor a sus anuncios. Por ejemplo, puede probar segmentos basados en diferentes comportamientos de usuario, criterios demográficos diferentes o niveles diferentes de interacción con su sitio.

Además, puede probar diferentes configuraciones de sus campañas de remarketing, como la frecuencia con la que se muestran sus anuncios, el momento en que se muestran o los sitios en los que se muestran. Estos ajustes pueden tener un impacto significativo en la eficacia de sus anuncios y deben ajustarse según el rendimiento de sus campañas.

Finalmente, recuerde que probar y ajustar su estrategia de remarketing debe ser un proceso continuo. Los comportamientos de los usuarios, las tendencias del mercado y los algoritmos de publicidad en línea cambian con el tiempo, por lo que es importante estar atento y dispuesto a adaptarse a medida que evoluciona su estrategia de remarketing.

En resumen, probar y ajustar su estrategia de remarketing es esencial para optimizar su eficacia a lo largo del tiempo. Al estar dispuesto a experimentar y adaptarse a medida que cambian las circunstancias, puede maximizar el retorno de la inversión de sus esfuerzos de marketing.

5.   Conclusion

En resumen, el remarketing es una estrategia poderosa que puede ayudar a las tiendas Shopify a aumentar las ventas, mejorar el reconocimiento de la marca, fortalecer la fidelidad del cliente y recopilar datos valiosos sobre sus clientes. Al dirigirse a usuarios que ya han mostrado interés en su tienda y sus productos, el remarketing puede aumentar la relevancia de sus mensajes publicitarios y mejorar la eficacia de sus esfuerzos de marketing en línea.

Para implementar una estrategia de remarketing efectiva, es importante utilizar herramientas como Google Ads y las opciones de remarketing en redes sociales. Además, la segmentación de su audiencia, la creación de anuncios personalizados y la prueba y ajuste de su estrategia son pasos clave para optimizar sus esfuerzos de remarketing.

En última instancia, el remarketing es una herramienta esencial en el arsenal de cualquier tienda Shopify que busca maximizar su éxito en línea. Al mantenerse en la mente de los consumidores, proporcionar anuncios relevantes y mejorar la experiencia del usuario, puede lograr un aumento significativo en las conversiones y las ventas.

CAPÍTULO 18: CÓMO ANALIZAR Y OPTIMIZAR EL RENDIMIENTO DE TU TIENDA SHOPIFY

1. Introducción al análisis y la optimización del rendimiento

El análisis y la optimización del rendimiento desempeñan un papel fundamental en el éxito de tu tienda Shopify en el dropshipping. Al comprender los datos clave y tomar decisiones basadas en información precisa, puedes maximizar tus posibilidades de éxito. En este capítulo, exploraremos en detalle las diversas estrategias y herramientas que puedes utilizar para evaluar el rendimiento de tu tienda Shopify y realizar mejoras específicas.

El análisis del rendimiento te permite medir y evaluar objetivamente la salud y el rendimiento de tu tienda Shopify. Al entender métricas clave como la tasa de conversión, los ingresos, el valor promedio del carrito y otros indicadores relevantes, obtendrás una visión clara del rendimiento general de tu tienda.

La optimización del rendimiento implica identificar áreas donde se pueden realizar mejoras para aumentar la rentabilidad, incrementar las ventas y proporcionar una mejor experiencia al cliente. Al analizar los datos recopilados y comprender los comportamientos de los visitantes, podrás realizar ajustes estratégicos para maximizar los resultados.

En este capítulo, te guiaremos a través de las diferentes etapas del análisis y la optimización del rendimiento. Presentaremos herramientas y métodos efectivos para recopilar e interpretar datos, y proporcionaremos consejos prácticos para tomar decisiones informadas.

Ya sea que seas nuevo en el análisis de datos o desees profundizar en tus conocimientos, este capítulo te ayudará a dominar las habilidades necesarias para evaluar el rendimiento de tu tienda Shopify y realizar mejoras estratégicas. Al entender las fortalezas y debilidades de tu tienda, podrás tomar decisiones informadas y dar forma a tu negocio de manera eficaz.

¿Listo para sumergirte en el mundo del análisis y la optimización del rendimiento de tu tienda Shopify? Continuemos nuestra exploración para brindarte los conocimientos y las herramientas que necesitas para tener éxito.

2.   Recopilación de datos sobre tu tienda Shopify

Antes de adentrarte en el análisis del rendimiento de tu tienda Shopify, es esencial recopilar datos relevantes para obtener una visión clara y precisa de su funcionamiento. Aquí tienes algunos pasos clave para ayudarte a empezar:

a. Uso de Google Analytics

Google Analytics es una herramienta poderosa que te permite rastrear el comportamiento de los visitantes en tu sitio. Al integrar Google Analytics con tu tienda Shopify, puedes obtener información detallada sobre el tráfico, las conversiones, las fuentes de tráfico, el comportamiento de los visitantes y mucho más. Asegúrate de configurar correctamente Google Analytics agregando el código de seguimiento a tu tienda. Esto te permitirá recopilar datos valiosos sobre el rendimiento de tu tienda.

b. Seguimiento de indicadores clave de rendimiento (KPI)

Los indicadores clave de rendimiento (KPI) son medidas esenciales para evaluar la salud general de tu tienda Shopify. Proporcionan una vista resumida del rendimiento de tu tienda. Algunos KPI importantes incluyen la tasa de conversión, los ingresos por visitante, el valor promedio del carrito, la tasa de rebote, el número de páginas vistas, etc. Identifica los KPI más relevantes para tu negocio y supervísalos regularmente. Estos indicadores te ayudarán a medir tus avances, detectar problemas potenciales y tomar decisiones informadas para optimizar tu rendimiento.

c. Configuración de objetivos de conversión

Los objetivos de conversión son acciones específicas que deseas que los visitantes realicen en tu sitio, como comprar un producto, suscribirse a tu boletín o solicitar un presupuesto. La configuración de objetivos de conversión en Google Analytics te permite medir y analizar estas acciones. Esto te ayudará a evaluar la eficacia de tus campañas de marketing, páginas de destino y procesos de conversión. Define objetivos de conversión relevantes según tus objetivos comerciales y supervísalos regularmente para evaluar tu rendimiento.

Al implementar estos pasos de recopilación de datos, contarás con una base sólida para analizar y optimizar el rendimiento de tu tienda Shopify. Esta información valiosa te ayudará a comprender cómo se comporta tu tienda, identificar fortalezas y oportunidades de mejora, y tomar decisiones estratégicas basadas en datos concretos.

Pasemos ahora a la siguiente etapa de nuestra exploración, donde examinaremos cómo analizar en profundidad estos datos para obtener información práctica y aplicar mejoras específicas en tu tienda Shopify.

◆ ◆ ◆

3.   Análisis del tráfico y el comportamiento de los visitantes

Comprender el origen de tu tráfico y cómo interactúan los visitantes con tu tienda en línea es fundamental para optimizar el rendimiento de tu tienda Shopify. Aquí tienes algunos puntos clave a considerar:

a.   Estudio de las fuentes de tráfico

Analizar las fuentes de tráfico que dirigen a los visitantes a tu tienda Shopify es esencial para optimizar tus esfuerzos de marketing. Las principales fuentes de tráfico pueden incluir la búsqueda orgánica, campañas publicitarias, redes sociales, campañas de correo electrónico, enlaces entrantes desde otros sitios web, etc. Identifica las fuentes que generan la mayor cantidad de tráfico cualificado y enfoca tus esfuerzos en ellas. Esto te permitirá maximizar tu visibilidad y atraer a una audiencia relevante para tu tienda.

b. Análisis del comportamiento de los visitantes en tu sitio

El uso de herramientas de análisis como Google Analytics te permite examinar el comportamiento de los visitantes en tu sitio. Identifica las páginas más visitadas, las páginas de salida, la duración promedio de las sesiones, la tasa de rebote, entre otros datos. Esta información te ayudará a comprender cómo los visitantes interactúan con tu tienda, cuáles son las páginas más atractivas y cuáles necesitan mejoras. Al analizar el comportamiento de los visitantes, puedes identificar las fortalezas y debilidades de tu tienda Shopify y tomar decisiones estratégicas para mejorar la experiencia del usuario.

c. Uso de embudos de conversión

Los embudos de conversión son herramientas poderosas para visualizar el recorrido del visitante desde su llegada a tu sitio hasta la realización de la acción deseada, como la compra de un producto. Al analizar las etapas del proceso de compra, puedes identificar puntos de fricción donde podrías perder visitantes y realizar mejoras para aumentar las conversiones. Identifica las páginas con tasas de abandono elevadas y optimízalas simplificando el proceso de compra, mejorando la claridad de las llamadas a la acción y reduciendo los obstáculos potenciales.

Al analizar el tráfico y el comportamiento de los visitantes de tu tienda Shopify, obtendrás información valiosa para optimizar tus esfuerzos de marketing, mejorar la experiencia del usuario y aumentar las conversiones. Estos datos te permitirán tomar decisiones informadas y aplicar mejoras específicas para maximizar el rendimiento de tu tienda en línea.

◆ ◆ ◆

4.   Evaluación del rendimiento de los productos

Evaluar el rendimiento de sus productos es un paso esencial para maximizar sus ventas y rentabilidad en su tienda Shopify. Aquí hay algunos aspectos clave a considerar durante esta evaluación:

a.   Análisis de las ventas y los ingresos por producto

Analizar los datos de ventas le permite identificar cuáles productos generan la mayor cantidad de ingresos en su tienda. Identifique los productos más vendidos y aquellos que contribuyen más a su rentabilidad. Al comprender el rendimiento individual de cada producto, puede determinar los factores que contribuyen a su éxito y utilizar esta información para optimizar sus estrategias de ventas.

b.   Identificación de los productos más rentables

Al evaluar el rendimiento de sus productos, es esencial considerar los márgenes de beneficio. Identifique los productos que generan los márgenes más altos, incluso si no son necesariamente los más vendidos en términos de ingresos. Enfoque sus esfuerzos de promoción y destacado en estos productos rentables para maximizar sus beneficios.

c. Gestión de productos con bajo rendimiento

Si algunos productos no cumplen con sus expectativas de ventas, es importante actuar con rapidez. Puede considerar eliminar estos productos de su tienda o realizar cambios para hacerlos más atractivos para sus clientes. Optimizar su catálogo de productos es esencial para mantener una tienda competitiva y en constante evolución. Identifique productos con bajo rendimiento y busque oportunidades de mejora, ya sea mediante cambios en las descripciones, imágenes, precios o explorando nuevos productos más adecuados para su audiencia.

Al evaluar regularmente el rendimiento de sus productos, podrá tomar decisiones informadas para maximizar las ventas y optimizar la rentabilidad. Una comprensión profunda de su surtido de productos lo ayudará a mantenerse competitivo en el mercado y ofrecer una experiencia de compra atractiva a sus clientes.

◆ ◆ ◆

5. Optimización de la experiencia del usuario

L a experiencia del usuario es un factor determinante para el éxito de su tienda Shopify. Aquí hay algunas estrategias clave para optimizar la experiencia del usuario y ofrecer una experiencia de navegación agradable a sus visitantes:

a. Mejora de la velocidad de carga del sitio

La velocidad de carga de su sitio es un elemento crucial para la experiencia del usuario. Los tiempos de carga lentos pueden llevar a un aumento en la tasa de rebote, una disminución en las conversiones y frustración entre los visitantes. Optimice la velocidad de carga de su sitio comprimiendo imágenes, utilizando el almacenamiento en caché, minimizando scripts y eligiendo un host de alto rendimiento. Asegúrese de que su tienda Shopify se cargue rápidamente en todos los dispositivos, incluidos los móviles, para ofrecer una experiencia fluida a sus visitantes.

b. Optimización del diseño y la navegación

Un diseño atractivo y una navegación intuitiva son esenciales para ofrecer una experiencia del usuario óptima. Asegúrese de que su tienda Shopify tenga un diseño claro y atractivo, con imágenes de alta calidad y una elección de colores coherente. Organice sus productos en categorías claras y ofrezca una navegación fluida con menús bien estructurados. Asegúrese de que los visitantes puedan encontrar fácilmente la información que necesitan y acceder a los productos que les interesan. Una navegación simple e intuitiva mantendrá a los visitantes en su sitio durante más tiempo y les ayudará a encontrar rápidamente lo que están buscando.

c. Uso de pruebas A/B para la optimización de páginas

Las pruebas A/B son un método eficaz para optimizar sus páginas y mejorar las conversiones. Este enfoque implica comparar diferentes versiones de la misma página, variando un elemento a la vez, como el título, las imágenes, los botones de llamada a la acción, los colores, etc. Al realizar pruebas A/B, puede determinar qué cambios generan una mejora significativa en el rendimiento. Pruebe diferentes variantes, analice los resultados y utilice los hallazgos para optimizar sus páginas y maximizar las conversiones. Las pruebas A/B le permiten adoptar un enfoque basado en datos para tomar decisiones informadas sobre la experiencia del usuario.

Al implementar estas estrategias de optimización de la experiencia del usuario, creará un entorno amigable y atractivo para sus visitantes, fomentando las conversiones y la retención de clientes. No olvide supervisar regularmente las métricas relacionadas con la experiencia del usuario, como la tasa de rebote, el tiempo de permanencia en el sitio y las tasas de conversión, para identificar áreas donde se pueden realizar mejoras adicionales.

◆ ◆ ◆

6. Análisis del rendimiento de marketing

Analizar el rendimiento de sus esfuerzos de marketing es esencial para asignar eficazmente sus recursos y maximizar los resultados de su tienda Shopify. Aquí hay algunos puntos importantes a considerar durante este análisis:

a. Evaluación de las campañas publicitarias

Analizar los resultados de sus campañas publicitarias es crucial para determinar su efectividad y optimizar su estrategia de marketing. Examine indicadores clave como la tasa de clics, el costo por clic, la tasa de conversión y el retorno de la inversión (ROI) de cada campaña. Identifique las campañas que generan el mejor ROI y ajuste sus presupuestos y estrategias en consecuencia. Enfoque sus recursos en los canales publicitarios más efectivos y optimice sus mensajes y segmentación para obtener los mejores resultados.

b. Seguimiento del retorno de la inversión (ROI)

Medir el retorno de la inversión (ROI) de sus diversas iniciativas de marketing es esencial para evaluar su efectividad financiera. Calcule el ROI comparando los ingresos generados por sus actividades de marketing con los costos asociados. Esto le ayudará a determinar las iniciativas más rentables y a tomar decisiones informadas sobre la asignación de su presupuesto de marketing. Identifique los canales, campañas o acciones que ofrecen el mejor ROI y asigne sus recursos en consecuencia para maximizar sus retornos.

c. Uso del marketing de influencia para aumentar las ventas

El marketing de influencia puede ser una forma efectiva de aumentar las ventas y amplificar su visibilidad. Analice el rendimiento de sus colaboraciones con influencers para evaluar su impacto en su tienda Shopify. Haga un seguimiento de métricas como la tasa de conversión, el número de ventas generadas, la participación de los usuarios y el conocimiento de su marca. Identifique los influencers que ofrecen los mejores resultados y evalúe la rentabilidad de estas asociaciones. Adapte su estrategia de marketing de influencia en función de los resultados obtenidos para maximizar su impacto en su público objetivo.

Al analizar regularmente el rendimiento de sus esfuerzos de marketing, podrá optimizar sus campañas, invertir sus recursos de manera eficiente y maximizar los resultados de su tienda Shopify. Utilice datos y análisis para tomar decisiones informadas, ajustar su estrategia de marketing y aumentar la rentabilidad de sus actividades promocionales.

7. Uso de datos para la toma de decisiones estratégicas

Los datos recopilados en su tienda Shopify proporcionan información valiosa que lo ayuda a tomar decisiones estratégicas informadas. Aquí hay algunos ejemplos concretos de cómo utilizar los datos para orientar sus decisiones:

a. Uso de datos para ajustar precios

El análisis de datos de ventas y márgenes de beneficio le permite evaluar la idoneidad de sus precios. Identifique los productos que se venden bien con un margen de beneficio alto, así como aquellos que podrían beneficiarse de ajustes de precios para impulsar las ventas. Observando las tendencias de venta, puede determinar si algunos productos están sobrevalorados o subvalorados en comparación con la demanda del mercado. Utilice esta información para realizar los ajustes de precios adecuados y optimizar la rentabilidad de su tienda Shopify.

b. Identificación de oportunidades de crecimiento

El análisis de datos de ventas y tendencias de mercado le permite identificar nuevas oportunidades de crecimiento para su tienda. Estudie los segmentos de mercado emergentes, las necesidades no satisfechas de los consumidores o las tendencias emergentes para encontrar nuevas perspectivas para expandir su negocio. Explore la posibilidad de dirigirse a nuevos segmentos de clientes, desarrollar nuevos productos o servicios, o considerar asociaciones estratégicas que lo ayuden a impulsar el crecimiento de su tienda Shopify. Utilice los datos para evaluar el potencial de estas oportunidades y tome decisiones informadas para maximizar su crecimiento.

c. Seguimiento de tendencias de mercado

La monitorización de las tendencias en dropshipping y comercio electrónico es crucial para mantenerse competitivo en el mercado. Utilice datos y análisis para seguir los cambios en el comportamiento de los consumidores, las nuevas tecnologías, las tendencias de diseño, las innovaciones de productos, etc. Al comprender estas tendencias, puede adaptar su estrategia de marketing, su oferta de productos y sus canales de venta para satisfacer las cambiantes necesidades del mercado. Manténgase atento a nuevas oportunidades y evoluciones del mercado a través de un análisis continuo de los datos.

Al utilizar los datos de manera estratégica, podrá tomar decisiones informadas y reactivas para mejorar el rendimiento de su tienda Shopify y aprovechar las oportunidades que se presenten. Asegúrese de recopilar y analizar regularmente los datos relevantes para guiar sus decisiones estratégicas y maximizar el éxito de su tienda.

◆ ◆ ◆

8.   *Conclusión*

En este capítulo sobre el análisis y la optimización del rendimiento de su tienda Shopify, hemos explorado diversas estrategias y herramientas para ayudarlo a evaluar y mejorar el rendimiento de su tienda en dropshipping. Al comprender los datos clave y tomar decisiones basadas en información precisa, podrá maximizar sus posibilidades de éxito.

Comenzamos destacando la importancia de recopilar datos relevantes, centrándonos en el uso de Google Analytics para rastrear el comportamiento de los visitantes, monitorear los indicadores clave de rendimiento (KPI) y establecer objetivos de conversión.

Luego, examinamos el análisis del tráfico y el comportamiento de los visitantes, haciendo hincapié en la importancia de comprender las fuentes de tráfico, analizar el comportamiento de los visitantes en su sitio y utilizar embudos de conversión para mejorar las tasas de conversión.

También exploramos la evaluación del rendimiento de los productos, destacando la importancia del análisis de las ventas y los ingresos por producto, la identificación de los productos más rentables y la gestión de los productos con bajo rendimiento.

Luego, abordamos la optimización de la experiencia del usuario, destacando la importancia de mejorar la velocidad de carga del sitio, optimizar el diseño y la navegación, así como utilizar pruebas A/B para la optimización de las páginas.

También enfatizamos la importancia del análisis del rendimiento del marketing, centrándonos en la evaluación de las campañas publicitarias, el seguimiento del retorno de la inversión (ROI) y el uso del marketing de influencia para aumentar las ventas.

Finalmente, exploramos el uso de los datos para la toma de decisiones estratégicas, destacando el ajuste de precios, la identificación de oportunidades de crecimiento y el seguimiento de las tendencias del mercado.

Al implementar las estrategias y herramientas presentadas en este capítulo, podrá analizar y optimizar el rendimiento de su tienda Shopify de manera dirigida, lo que le ayudará a maximizar las ventas, la rentabilidad y el éxito en general.

CAPÍTULO 19: CÓMO GESTIONAR EL CRECIMIENTO Y LOS DESAFÍOS DE ADMINISTRAR UNA TIENDA SHOPIFY

1. Gestión de inventario y proveedores

La gestión de inventario es un desafío importante para cualquier negocio de comercio electrónico, y aún más para un negocio de dropshipping. En el modelo de dropshipping, no posees físicamente los productos que vendes, lo que significa que debes depender de tus proveedores para gestionar el inventario. Esto puede plantear varios desafíos.

En primer lugar, debes asegurarte de que tus proveedores tengan suficiente stock para satisfacer la demanda. Si un cliente realiza un pedido de un producto que está agotado en tu proveedor, puede resultar en retrasos en la entrega y una mala experiencia para el cliente. Para evitar esto, es crucial comunicarse regularmente con tus proveedores y comprender su capacidad para gestionar el inventario.

En segundo lugar, debes ser capaz de rastrear los niveles de stock de tus proveedores en tiempo real. Esto puede ser difícil si trabajas con varios proveedores o si tus proveedores no tienen un sistema de gestión de inventario eficiente. Afortunadamente, Shopify ofrece herramientas integradas de gestión de inventario que pueden ayudarte a seguir los niveles de stock de tus proveedores. Estas herramientas pueden alertarte cuando los niveles de stock son bajos, lo que te permite tomar medidas para evitar la falta de stock.

Finalmente, debes ser capaz de manejar devoluciones y reembolsos de manera eficiente. En el modelo de dropshipping, las devoluciones pueden ser complicadas porque debes coordinar con el proveedor para recuperar el producto y procesar el reembolso. Una vez más, Shopify ofrece herramientas que pueden ayudar en la gestión de este proceso.

En resumen, la gestión de inventario y proveedores es un aspecto crucial de administrar una tienda Shopify de dropshipping. Utilizando las herramientas adecuadas y comunicándote eficazmente con tus proveedores, puedes minimizar los problemas y asegurar una experiencia positiva para el cliente.

◆ ◆ ◆

2. Mantenimiento de un servicio al cliente de alta calidad

A medida que tu negocio crece, mantener un alto nivel de servicio al cliente puede convertirse en un desafío significativo. El crecimiento rápido puede llevar a un aumento en las consultas de servicio al cliente que puede abrumar la capacidad de tu equipo para responder de manera efectiva y oportuna. Sin embargo, es crucial mantener un servicio al cliente de alta calidad, ya que puede tener un impacto significativo en la satisfacción y lealtad del cliente.

En primer lugar, asegúrate de tener un equipo dedicado para atender consultas y resolver problemas de los clientes. Este equipo debe estar bien capacitado y tener un profundo conocimiento de tus productos, políticas y procesos. También deben ser capaces de comunicarse de manera efectiva con los clientes y resolver problemas de manera rápida y satisfactoria.

En segundo lugar, invierte en herramientas y tecnologías que puedan ayudar a tu equipo de servicio al cliente a ser más eficientes. Por ejemplo, un sistema de gestión de relaciones con el cliente (CRM) puede ayudar a tu equipo a realizar un seguimiento de las interacciones con los clientes y gestionar las solicitudes de servicio al cliente de manera organizada.

Los chatbots son otra herramienta útil que se puede programar para responder automáticamente a preguntas frecuentes, liberando así a tu equipo para centrarse en problemas más complejos. Los chatbots también pueden estar disponibles las 24 horas del día, los 7 días de la semana, mejorando la satisfacción del cliente al proporcionar respuestas a preguntas en cualquier momento.

Finalmente, es importante recopilar regularmente comentarios de los clientes sobre la calidad de tu servicio al cliente. Esto puede ayudarte a identificar áreas de mejora y tomar medidas para mejorar tu servicio. Puedes recopilar comentarios a través de encuestas, comentarios en redes sociales o conversaciones directas con los clientes.

En resumen, mantener un servicio al cliente de alta calidad a medida que tu negocio crece puede ser un desafío, pero con un equipo dedicado, las herramientas adecuadas y un enfoque constante en la mejora, puedes seguir ofreciendo un excelente servicio a tus clientes.

3.   Gestión de devoluciones
y reembolsos

Las devoluciones y los reembolsos son una parte inevitable del comercio electrónico. Pueden ser una fuente de frustración para los clientes y estrés para las empresas. Sin embargo, una gestión efectiva de devoluciones y reembolsos puede convertir estos desafíos en oportunidades para mejorar la satisfacción del cliente y la lealtad a la marca.

En primer lugar, es crucial establecer una política de devoluciones clara y justa. Esta política debe ser fácilmente accesible y comprensible para los clientes. Debe describir las condiciones bajo las cuales un producto puede ser devuelto, el proceso de devolución y el tipo de reembolso que el cliente puede esperar (por ejemplo, un reembolso completo, crédito en la tienda, etc.). Una política de devolución justa no solo puede ayudar a resolver problemas de manera eficiente, sino también construir confianza entre tú y tus clientes.

En segundo lugar, asegúrate de que tu equipo de servicio al cliente esté bien capacitado para manejar devoluciones y reembolsos. Deben tener un profundo conocimiento de tu política de devolución y ser capaces de comunicarla claramente a los clientes. También deben ser capaces de manejar situaciones difíciles con tacto y profesionalismo, siempre manteniendo en mente el objetivo final de satisfacer al cliente.

En tercer lugar, considera invertir en herramientas o software que puedan automatizar y agilizar el proceso de devolución. Por ejemplo, algunas herramientas pueden generar automáticamente etiquetas de devolución para los clientes, facilitando el proceso tanto para ellos como para ti.

Por último, utiliza las devoluciones y reembolsos como una oportunidad para aprender y mejorar. Analiza las razones de las devoluciones para identificar posibles problemas con tus productos o proceso de pedido. Utiliza esta información para realizar mejoras que puedan reducir el número de devoluciones en el futuro.

En resumen, si bien gestionar devoluciones y reembolsos puede ser un desafío, un enfoque proactivo y centrado en el cliente puede ayudar a convertir este desafío en una oportunidad para mejorar tu negocio.

◆ ◆ ◆

4. Optimización de la conversión y aumento del valor promedio de pedidos

A medida que aumenta tu tráfico, la optimización de tu tasa de conversión se vuelve cada vez más importante. Una tasa de conversión más alta significa que estás aprovechando al máximo el tráfico que generas, lo que puede conducir a un aumento significativo en las ventas y los ingresos. La optimización de la conversión comienza por comprender a tus clientes y su recorrido en tu sitio web. Utiliza herramientas de análisis para seguir el comportamiento de los usuarios en tu sitio web e identificar los puntos de fricción que pueden evitar que conviertan. Por ejemplo, un proceso de pago complicado o información insuficiente sobre los productos pueden disuadir a los clientes de realizar un pedido.

Una vez que hayas identificado los puntos de fricción, prueba diferentes elementos de tu sitio web para ver qué funciona mejor. Esto puede incluir llamadas a la acción, imágenes de productos, descripciones de productos, el diseño de la página y más. Las pruebas A/B pueden ser una forma efectiva de determinar qué cambios conducen a un aumento en la tasa de conversión.

Además de la optimización de la conversión, también debes buscar aumentar el valor promedio de los pedidos. Esto significa alentar a los clientes a gastar más en cada compra. Hay varias técnicas para lograr esto, como las ventas adicionales y las ventas cruzadas. Las ventas adicionales alientan a los clientes a comprar una versión más cara o de mayor calidad de un producto, mientras que las ventas cruzadas alientan a los clientes a comprar productos complementarios.

Por ejemplo, si vendes computadoras, una venta adicional podría ser alentar a los clientes a comprar un modelo con más memoria o un procesador más rápido. Una venta cruzada podría ser alentar a los clientes a comprar un mouse o una bolsa de computadora además de su compra de computadora.

En resumen, la optimización de la conversión y el aumento del valor promedio de los pedidos son dos estrategias clave para maximizar los ingresos de tu tienda Shopify. Al comprender a tus clientes, probar diferentes elementos de tu sitio web y alentar a los clientes a gastar más, puedes aumentar tus ventas y tus ingresos.

◆ ◆ ◆

5.   Análisis y optimización

del rendimiento

El análisis y la optimización del rendimiento son elementos clave en la gestión y el crecimiento de una tienda Shopify. Al comprender cómo los usuarios interactúan con tu tienda y al identificar áreas de mejora, puedes realizar cambios que aumenten la participación, mejoren la experiencia del usuario y, en última instancia, aumenten las ventas.

Una de las herramientas más poderosas a tu disposición para el análisis de rendimiento es Google Analytics. Esta herramienta gratuita te permite realizar un seguimiento de una variedad de métricas, incluido el número de visitantes en tu sitio web, la tasa de rebote, el tiempo en el sitio, la tasa de conversión y mucho más. También puedes ver de dónde provienen tus visitantes, qué páginas visitan y qué camino siguen para realizar una compra.

Esta información puede ayudarte a identificar áreas en las que puedes mejorar. Por ejemplo, una alta tasa de rebote podría indicar que los visitantes no encuentran lo que están buscando en tu sitio web, o que encuentran difícil navegar por el sitio. En este caso, podrías considerar revisar el diseño de tu sitio o mejorar la claridad de la información de tus productos.

Del mismo modo, si notas que los visitantes pasan muy poco tiempo en tu sitio, esto podría indicar una falta de compromiso. Podrías considerar agregar más contenido interactivo, como videos de productos o reseñas de clientes, para alentar a los visitantes a pasar más tiempo en tu sitio.

Además de Google Analytics, Shopify también ofrece sus propias herramientas de análisis integradas. Estas herramientas pueden ayudarte a realizar un seguimiento de las ventas, los pedidos y las tendencias de los visitantes directamente desde tu panel de control de Shopify.

En resumen, el análisis y la optimización del rendimiento son procesos continuos que pueden ayudarte a comprender a tus clientes, mejorar tu tienda y aumentar las ventas. Al utilizar herramientas de análisis y realizar ajustes en función de tus hallazgos, puedes continuar mejorando y expandiendo tu tienda Shopify.

◆ ◆ ◆

6.   Gestión del crecimiento internacional

El crecimiento internacional puede ser un paso emocionante para cualquier negocio de comercio electrónico. Sin embargo, también conlleva muchos desafíos únicos que requieren una planificación y preparación cuidadosas.

Uno de los primeros desafíos es la traducción de tu sitio web. Esto implica no solo traducir el texto de tu sitio a otro idioma, sino también asegurarte de que el tono, el estilo y el contexto cultural sean apropiados para el público objetivo. Trabajar con traductores profesionales o hablantes nativos puede ser útil para asegurarte de que tu contenido sea bien recibido por los clientes internacionales.

Además de la traducción, es importante comprender las diferencias culturales que pueden afectar cómo los clientes internacionales perciben y interactúan con tu tienda. Las preferencias en diseño, hábitos de compra y expectativas de servicio al cliente pueden variar significativamente de un país a otro. Investigar el mercado objetivo y adaptar tu tienda en consecuencia puede ayudar a aumentar la participación y las ventas.

El cumplimiento de las leyes y regulaciones locales es otro desafío importante en la expansión internacional. Esto puede incluir leyes de protección al consumidor, regulaciones de privacidad de datos, requisitos de etiquetado de productos y más. Es crucial comprender estas leyes y asegurarte de que tu tienda cumpla para evitar multas o disputas legales.

Finalmente, considera los aspectos logísticos de la expansión internacional. Esto puede incluir la gestión de envíos internacionales, el manejo de tasas de cambio y la configuración de sistemas de pago que acepten monedas extranjeras.

En resumen, la gestión del crecimiento internacional es un proceso complejo que requiere una planificación y una investigación exhaustivas. Sin embargo, con la estrategia adecuada y las herramientas adecuadas, puedes superar estos desafíos y abrir tu tienda Shopify a una audiencia global mucho más amplia.

7. Conclusión

La gestión del crecimiento de una tienda Shopify es un proceso complejo que involucra muchos desafíos. Ya sea la gestión de inventario y proveedores, el mantenimiento de un servicio al cliente de alta calidad, la gestión de devoluciones y reembolsos, la optimización de la conversión y el aumento del valor promedio de los pedidos, el análisis y la optimización del rendimiento o la gestión del crecimiento internacional, cada aspecto requiere atención especial y una estrategia bien pensada.

Sin embargo, estos desafíos no deben verse como obstáculos insuperables, sino como oportunidades de aprendizaje y crecimiento. Con las estrategias adecuadas, las herramientas apropiadas y un enfoque proactivo, puedes superarlos y seguir desarrollando tu negocio.

Es importante tener en cuenta que el éxito de una tienda Shopify no se mide solo en términos de ventas o ingresos, sino también en términos de satisfacción del cliente, lealtad a la marca y reputación en el mercado. Al tener en cuenta estos factores y esforzarte constantemente por mejorar, no solo puedes gestionar el crecimiento de tu tienda Shopify, sino también llevarla hacia un éxito duradero.

CAPÍTULO 20: CÓMO MANTENERSE ACTUALIZADO CON LAS TENDENCIAS DEL DROPSHIPPING

El dropshipping es un campo de negocio en constante evolución, caracterizado por una dinámica rápida y cambios constantes. En este contexto, la capacidad de mantenerse al día con las últimas tendencias no solo es beneficiosa, sino esencial para mantener la competitividad de su tienda Shopify.

Las tendencias del mercado, ya sean nuevos productos populares, cambios en las preferencias del consumidor o nuevas estrategias de marketing, pueden cambiar rápidamente y de manera impredecible. Lo que es popular y rentable hoy puede no serlo mañana, y viceversa. Por lo tanto, es necesario realizar un seguimiento constante del mercado para mantenerse a la vanguardia y no quedarse atrás frente a la competencia.

Sin embargo, seguir las tendencias no significa solo ser consciente de lo que está sucediendo actualmente en la industria. También implica anticipar cambios futuros y ajustar su estrategia en consecuencia. Esto puede implicar agregar nuevos productos a su tienda, cambiar su estrategia de marketing o incluso rediseñar su sitio web para reflejar las últimas tendencias y preferencias de los consumidores.

En última instancia, mantenerse actualizado con las tendencias del dropshipping es una tarea compleja que requiere una vigilancia constante, un análisis profundo y la capacidad de adaptarse rápidamente. Sin embargo, aquellos que logren hacerlo estarán bien posicionados para aprovechar las oportunidades que se presenten y garantizar el éxito a largo plazo de su tienda Shopify.

◆ ◆ ◆

1.   Comprender la Importancia de las Tendencias

L as tendencias del dropshipping desempeñan un papel crucial en determinar el éxito de su negocio. Pueden influir en muchos aspectos de su operación, desde la selección de productos hasta la estrategia de marketing, la elección de proveedores y el diseño de su sitio web.
Por ejemplo, si una categoría de productos en particular se vuelve popular, puede ser sabio considerar agregarla a su tienda. Esto no solo podría aumentar sus ventas, sino también atraer a un nuevo segmento de clientes a su tienda. Además, agregar productos populares puede mejorar la visibilidad de su tienda en los motores de búsqueda, lo que potencialmente conduce a un aumento en el tráfico y las ventas.

Del mismo modo, si una nueva plataforma de redes sociales gana popularidad, puede considerar utilizarla en sus esfuerzos de marketing. Las plataformas de redes sociales son excelentes herramientas para llegar y conectarse con su audiencia objetivo. Al utilizar una plataforma popular, puede ampliar su alcance de marketing, mejorar la participación de los clientes y, en última instancia, aumentar las ventas.

Sin embargo, es importante tener en cuenta que seguir las tendencias no significa necesariamente adoptar todas ellas. Algunas tendencias pueden no ser relevantes para su negocio o audiencia objetivo. Por lo tanto, es crucial evaluar cada tendencia según su impacto potencial en su negocio antes de decidir adoptarla.

En última instancia, comprender la importancia de las tendencias y saber cómo aprovecharlas en su beneficio puede ayudarlo a mantenerse competitivo en el dinámico panorama del dropshipping.

◆ ◆ ◆

2. Monitorear las Tendencias del Mercado

En el mundo en constante cambio del dropshipping, monitorear las tendencias del mercado es una necesidad absoluta. Afortunadamente, existen muchas formas de hacerlo gracias a diversas herramientas y recursos disponibles.

Uno de los métodos más efectivos para rastrear tendencias es utilizar herramientas de investigación de mercado como Google Trends. Esta herramienta le permite ver las tendencias de búsqueda de diferentes productos y categorías, lo que le brinda una idea clara de lo que los consumidores están buscando actualmente. Puede utilizar esta información para anticipar la demanda y agregar productos relevantes a su tienda.

Además de Google Trends, existen otras herramientas de investigación de mercado que pueden ayudarlo a rastrear tendencias. Por ejemplo, herramientas como SEMRush y Ahrefs pueden proporcionar información sobre palabras clave populares y temas de tendencia en su nicho.

Además, seguir blogs de la industria, foros y sitios de noticias puede ayudarlo a mantenerse actualizado con las últimas noticias y tendencias de la industria. Estas fuentes pueden proporcionar información valiosa sobre cambios en la industria, nuevas tecnologías y estrategias de marketing efectivas.

Por último, las redes sociales son otra excelente forma de rastrear tendencias. Al seguir a influyentes relevantes, unirse a grupos de la industria y monitorear hashtags populares, puede obtener información en tiempo real sobre lo que está de moda.

Es importante tener en cuenta que monitorear las tendencias del mercado requiere un esfuerzo constante. Las tendencias pueden cambiar rápidamente, y lo que es popular hoy puede no serlo mañana. Por lo tanto, es crucial dedicar tiempo cada día para monitorear el mercado y ajustar su estrategia en consecuencia.

◆ ◆ ◆

3.   Analizar las Tendencias del Dropshipping

Analizar las tendencias del dropshipping es un paso crucial que va más allá de simplemente observar los movimientos del mercado. Implica una evaluación exhaustiva e interpretación de datos para tomar decisiones informadas que pueden tener un impacto significativo en su negocio.

Cuando analiza tendencias, es importante considerar una variedad de factores. Por ejemplo, un aumento en la popularidad de los productos de salud y bienestar puede indicar una creciente conciencia de la importancia de la salud y el bienestar entre los consumidores. Esto podría ser una oportunidad para agregar productos similares a su tienda, atendiendo a la creciente demanda y atrayendo a un nuevo segmento de clientes.

Sin embargo, no se trata solo de agregar productos populares a su tienda. También es importante comprender por qué estos productos son populares y cómo se ajustan al contexto del mercado en general. Por ejemplo, si estos productos son populares debido a una tendencia a corto plazo, es posible que no sean una buena opción a largo plazo.

Del mismo modo, si nota una disminución en la popularidad de los productos electrónicos, podría indicar un cambio en las preferencias del consumidor o una saturación del mercado. En este caso, podría considerar reducir su stock de estos productos o encontrar formas de diferenciarse de la competencia.

La análisis de las tendencias del dropshipping también puede implicar examinar datos de ventas, comentarios de clientes y el rendimiento de productos similares en diferentes plataformas. Al combinar esta información, puede obtener una imagen más completa de las tendencias del mercado y tomar decisiones más informadas para su negocio.

En última instancia, el análisis de las tendencias del dropshipping es una habilidad esencial para cualquier emprendedor de dropshipping. Al comprender las tendencias del mercado y ajustar su estrategia en consecuencia, puede mantenerse competitivo y garantizar el crecimiento a largo plazo de su negocio.

4.   *Adaptar su Estrategia Según las Tendencias*

Una vez que haya identificado y analizado las tendencias del dropshipping, el siguiente paso es adaptar su estrategia en consecuencia. Esta adaptación es un proceso dinámico que requiere reflexión estratégica y una implementación efectiva.

Agregar nuevos productos a su tienda es una de las formas más directas de adaptar su estrategia. Si ha identificado una tendencia creciente para ciertos tipos de productos, agregarlos a su tienda puede ayudarlo a aprovechar esa tendencia y aumentar sus ventas. Sin embargo, es importante ejercer el juicio al agregar nuevos productos. Asegúrese de que estos productos se ajusten a su marca y audiencia objetivo, y que sean de alta calidad.

Modificar su estrategia de marketing es otra forma de adaptar su estrategia a las tendencias. Por ejemplo, si nota que su audiencia objetivo está utilizando cada vez más una plataforma de redes sociales en particular, puede ajustar su estrategia de marketing para incluir esa plataforma. Del mismo modo, si una técnica de marketing en particular se vuelve cada vez más efectiva en su industria, como el marketing de influencia o el marketing de contenido, puede incorporar esa técnica en su estrategia de marketing.

Por último, la modificación de su sitio web para reflejar las últimas tendencias también puede ser una estrategia efectiva. Esto puede incluir la actualización del diseño de su sitio web para seguir las tendencias de diseño web, agregar nuevas funciones que se hayan vuelto populares o incluso rediseñar su sitio web para satisfacer mejor las expectativas de sus clientes.

Es importante tener en cuenta que adaptar su estrategia a las tendencias debe ser un proceso reflexivo. No se trata solo de seguir cada nueva tendencia, sino de elegir aquellas que tengan más sentido para su negocio y que puedan ayudarlo a alcanzar sus objetivos a largo plazo. Al mantenerse flexible y estar dispuesto a adaptarse, puede navegar con éxito en el siempre cambiante panorama del dropshipping.

◆ ◆ ◆

5.   Ejemplos de Tendencias del Dropshipping

Para ilustrar cómo seguir y analizar las tendencias del dropshipping, examinemos algunos ejemplos recientes de tendencias que han tenido un impacto significativo en el mercado.

a.   Productos de Salud y Bienestar

La pandemia de COVID-19 ha llevado a un aumento significativo en la demanda de productos de salud y bienestar. Los consumidores se han vuelto más conscientes de la importancia de mantener una buena salud y bienestar general, lo que ha llevado a un aumento en la demanda de todo, desde suplementos dietéticos hasta equipos de fitness en el hogar. Los productos que respaldan el bienestar mental, como kits de meditación o productos de relajación, también han experimentado un aumento en la demanda. Al analizar esta tendencia, podría considerar agregar una gama de productos de salud y bienestar a su tienda para satisfacer esta creciente demanda.

b. Productos Sostenibles

Hay una tendencia creciente hacia productos sostenibles y respetuosos con el medio ambiente. Los consumidores son cada vez más conscientes del impacto ambiental de sus compras y buscan apoyar a empresas que compartan sus valores ecológicos. Esto incluye todo, desde productos de belleza naturales hasta productos para el hogar ecológicos y ropa fabricada con materiales reciclados. Siguiendo esta tendencia, podría considerar ofrecer una gama de productos sostenibles en su tienda para atraer a consumidores conscientes del medio ambiente.

c. Productos para Mascotas

Los productos para mascotas siempre son populares y se espera que esta tendencia continúe en el futuro. Con un número creciente de personas que tienen mascotas, la demanda de todo, desde juguetes para mascotas hasta productos de salud para mascotas, ha aumentado. Además, a medida que las mascotas se humanizan más, los propietarios buscan productos de alta calidad y personalizados para sus mascotas. Siguiendo esta tendencia, podría considerar agregar una gama de productos para mascotas a su tienda para satisfacer esta creciente demanda.

Estos ejemplos ilustran cómo las tendencias del dropshipping pueden variar significativamente, cubriendo diferentes productos, categorías y comportamientos de los consumidores.

Al seguir y analizar estas tendencias, puede adaptar su estrategia de dropshipping para aprovechar estas oportunidades de mercado.

6.   Conclusión

Mantenerse al día con las tendencias del dropshipping es más que una simple recomendación, es una necesidad imperativa para el éxito de su tienda Shopify. El panorama del comercio electrónico está en constante cambio, con nuevas tendencias, tecnologías y comportamientos de los consumidores que surgen constantemente. Para mantenerse competitivo, debe ser capaz de navegar en este panorama dinámico y ajustar su negocio en consecuencia.

Realizar un seguimiento regular y analizar las tendencias del mercado es una parte esencial de esta adaptación. Le permite comprender lo que los consumidores desean, cómo cambian sus comportamientos y qué productos o servicios están actualmente en demanda. Con esta información, puede tomar decisiones informadas sobre los productos para almacenar, las estrategias de marketing para utilizar y cómo presentar su tienda para atraer y retener clientes.

Sin embargo, mantenerse al día con las tendencias del dropshipping no significa simplemente reaccionar ante cada nueva tendencia que surja. También se trata de distinguir las tendencias pasajeras de los cambios duraderos y tomar decisiones estratégicas que respalden el crecimiento a largo plazo de su negocio. Esto puede significar ignorar algunas tendencias, incluso si son populares, si no se alinean con su marca o su audiencia objetivo.

En última instancia, mantenerse al día con las tendencias del dropshipping es un proceso continuo que requiere una vigilancia constante, un análisis profundo y una disposición a experimentar e innovar. Al hacerlo, puede asegurarse de que su tienda Shopify siga siendo competitiva, relevante y atractiva para los clientes, tanto hoy como en el futuro.

CAPÍTULO 21: CONCLUSIÓN; CÓMO TENER ÉXITO CON UNA TIENDA DE DROPSHIPPING EN SHOPIFY

¡Felicidades! Has llegado al final de este viaje de aprendizaje dedicado al dropshipping en Shopify. A lo largo de los capítulos, hemos explorado juntos las múltiples facetas de esta forma de comercio electrónico, desde la creación de tu tienda en línea hasta la optimización de tu estrategia de marketing, pasando por la selección de tus productos y la gestión de tu servicio al cliente.

Hoy, estamos listos para concluir este viaje. Pero antes de dar vuelta a la última página, tomémonos un momento para reflexionar sobre todo lo que hemos logrado. Cada capítulo de este curso ha sido diseñado para proporcionarte las herramientas y los conocimientos necesarios para construir y administrar un próspero negocio de dropshipping. Has aprendido cómo navegar en el ecosistema de Shopify, cómo elegir los productos y proveedores adecuados, cómo optimizar tu tienda para SEO y mucho más.

Este capítulo final tiene como objetivo consolidar todos estos conocimientos adquiridos. Se trata de vincular los diferentes elementos que hemos abordado y mostrarte cómo encajan en una visión global de éxito. Repasaremos algunos de los conceptos clave, compartiremos historias inspiradoras de éxito y te proporcionaremos consejos prácticos para aplicar lo que has aprendido en tu propio negocio de dropshipping.

Pero más que nada, este capítulo está aquí para recordarte que el dropshipping no se trata simplemente de vender productos en línea. Se trata de proporcionar valor a tus clientes, construir una marca sólida y establecer un negocio sostenible. Con las estrategias adecuadas y una buena dosis de determinación, tienes todo lo que necesitas para triunfar en tu negocio de dropshipping. ¿Listo para este último paso? ¡Vamos allá!

1.   Historias de éxito

El mundo del dropshipping está lleno de historias de éxito que pueden servir como fuente de inspiración y motivación. Estos emprendedores comenzaron como tú, con una idea y la determinación de tener éxito. Sus trayectorias ilustran perfectamente cómo los conceptos y estrategias que hemos discutido a lo largo de este curso pueden ponerse en práctica para crear un negocio de dropshipping próspero.

Tomemos, por ejemplo, la historia de Irwin Dominguez, un empresario con sede en California. Sin experiencia previa en comercio electrónico, Irwin logró generar más de un millón de dólares en ingresos en tan solo ocho meses después de lanzar su negocio de dropshipping. ¿Cómo logró este éxito? Aplicando los principios básicos del dropshipping que hemos discutido: encontrar un nicho rentable, seleccionar los productos adecuados, crear una atractiva tienda en línea y establecer una estrategia de marketing eficaz.

Pero Irwin no es el único que ha tenido un éxito similar. También está la historia de Tim Kock, quien creó una tienda de dropshipping que generó $6,667 en tan solo 8 semanas. Tim utilizó un enfoque diferente, centrándose en la construcción de una marca sólida y utilizando el marketing de influencia para atraer clientes.

Y luego está la historia de Sarah, una madre soltera que logró transformar una pequeña tienda de dropshipping en un próspero negocio que ahora le permite vivir cómodamente y mantener a su familia. Sarah se centró en brindar un excelente servicio al cliente y en la calidad de los productos para destacar entre la competencia.

Estas historias de éxito demuestran que no hay una única "forma correcta" de tener éxito en el dropshipping. Cada emprendedor utilizó una combinación única de estrategias y tácticas para alcanzar sus objetivos. Lo importante es comprender los principios básicos del dropshipping, conocer tu mercado y tus clientes, y estar dispuesto a trabajar duro y aprender de tus errores. Con estos elementos en su lugar, tienes todas las posibilidades de unirte a las filas de estos emprendedores exitosos.

2. Elementos clave para dominar el éxito

a. Agregar valor

En el competitivo mundo del dropshipping, simplemente vender productos no es suficiente para destacar y construir un negocio próspero. Es esencial agregar valor a tus clientes más allá de la transacción básica.

Esto puede hacerse de varias maneras. En primer lugar, proporcionando información de calidad. Esto puede tomar la forma de descripciones detalladas e informativas de productos, blogs o artículos sobre temas relevantes para tu nicho, o guías y tutoriales que ayuden a tus clientes a sacar el máximo provecho de sus compras. Por ejemplo, si vendes equipos de fitness, podrías crear guías de entrenamiento, videos de demostración de ejercicios o artículos sobre nutrición y bienestar. Estos contenidos agregan valor al ayudar a tus clientes a alcanzar sus objetivos y fortalecer su confianza en tu marca.

En segundo lugar, puedes agregar valor resolviendo los problemas de tus clientes. Esto puede implicar responder de manera rápida y efectiva a las preguntas y preocupaciones de los clientes, proporcionar asistencia para problemas de envío o producto, o ofrecer soluciones innovadoras para satisfacer las necesidades específicas de tus clientes. Por ejemplo, si vendes productos electrónicos, podrías ofrecer un servicio de soporte técnico o guías de solución de problemas para ayudar a tus clientes a resolver problemas comunes.

Finalmente, puedes agregar valor ofreciendo productos únicos que satisfagan las necesidades específicas de tus clientes. Esto puede implicar la selección de productos de nicho que no están fácilmente disponibles en otros lugares, la creación de tus propios productos o diseños exclusivos, o la personalización de tus productos según las preferencias de tus clientes. Por ejemplo, si vendes joyería, podrías ofrecer opciones de personalización como grabados de nombres o mensajes especiales.

En resumen, agregar valor a tus clientes significa ir más allá de la simple venta de productos. Se trata de crear una experiencia de compra positiva, satisfacer las necesidades y deseos de tus clientes y construir una relación a largo plazo que fomente la lealtad y las compras repetidas.

b. Marketing y SEO

El tráfico es el elemento vital de cualquier negocio de comercio electrónico. Sin visitantes para explorar tus productos y realizar compras, tu tienda en línea simplemente no puede prosperar. Por eso es esencial dominar diferentes estrategias de marketing y comprender el papel del SEO (Optimización de Motores de Búsqueda) para atraer visitantes a tu tienda.

El marketing para tu tienda de dropshipping puede tomar muchas formas. Puede incluir el marketing en redes sociales, donde utilizas plataformas como Facebook, Instagram y Pinterest para llegar a tu audiencia objetivo e incentivarlos a visitar tu tienda. También puede incluir el marketing por correo electrónico, donde construyes una lista de suscriptores y les envías regularmente actualizaciones sobre nuevos productos, promociones y otras noticias de tu tienda.

El marketing de influencia es otra estrategia poderosa, donde colaboras con influenciadores en tu nicho para promocionar tus productos a su audiencia. Y, por supuesto, está la publicidad pagada, donde utilizas plataformas como Google AdWords o Facebook Ads para llegar a un público más amplio.

Paralelamente a estos esfuerzos de marketing, el SEO juega un papel crucial en atraer visitantes a tu tienda. El SEO implica la optimización de tu tienda y listados de productos para motores de búsqueda, de modo que cuando las personas busquen productos como los tuyos, encuentren tu tienda en los resultados de búsqueda. Esto puede implicar el uso de palabras clave relevantes en las descripciones de tus productos, la optimización de la estructura de tu sitio para motores de búsqueda y la creación de contenido de calidad que pueda atraer enlaces a tu sitio.

En resumen, el marketing y el SEO son dos aspectos esenciales de la gestión de una tienda de dropshipping exitosa. Al dominar estas habilidades, puedes atraer un flujo constante de visitantes a tu tienda, aumentar tu visibilidad en línea y, en última instancia, aumentar tus ventas y ganancias.

c. Especialización

En el mundo del dropshipping, elegir especializarte en un producto o nicho específico puede brindarte una ventaja competitiva significativa. En lugar de intentar vender un poco de todo a todos, la especialización te permite centrarte en las necesidades específicas de tu audiencia objetivo y posicionarte como un experto en tu campo.

La especialización puede tomar varias formas. Por ejemplo, puedes optar por enfocarte en un tipo específico de producto, como ropa de yoga ecológica, accesorios de fotografía vintage o juguetes educativos para niños. Al centrarte en un tipo de producto específico, puedes profundizar en tu conocimiento de ese producto, comprender qué hace que un producto sea bueno en ese campo y seleccionar los mejores productos para tu tienda.

Alternativamente, puedes optar por especializarte en un nicho de mercado específico. Por ejemplo, podrías decidir dirigirte a entusiastas del yoga, fotógrafos aficionados o padres de niños en edad preescolar. Al centrarte en un nicho de mercado específico, puedes comprender mejor las necesidades, deseos y desafíos de ese grupo y seleccionar productos que satisfagan específicamente esas necesidades.

La especialización también puede ayudarte a destacar entre la competencia. En un mercado abarrotado, ser percibido como un experto en un área específica puede ayudarte a ganarte la confianza de los clientes y construir una marca sólida. Además, al centrarte en un nicho específico, a menudo puedes evitar la competencia directa con grandes minoristas y sitios de comercio electrónico generalistas.

En resumen, la especialización es una estrategia poderosa para tener éxito en el dropshipping. Al elegir enfocarte en un producto o nicho específico, puedes servir mejor a tus clientes, destacar entre la competencia y posicionar tu tienda para el éxito a largo plazo.

d. Perspectiva a largo plazo

Es importante entender que el dropshipping no es un esquema de enriquecimiento rápido. Como cualquier negocio, construir un negocio de dropshipping exitoso requiere tiempo, paciencia y perseverancia. Es esencial adoptar una perspectiva a largo plazo y no desanimarse si no ves resultados inmediatos.

El dropshipping, al igual que cualquier otro negocio, tiene sus propios desafíos y obstáculos. Puede haber períodos de ventas lentas, problemas con los proveedores, problemas técnicos con tu tienda en línea y muchos otros desafíos. Sin embargo, estos desafíos no son insuperables. Con perseverancia, aprendizaje continuo y disposición para ajustar y mejorar tu estrategia, puedes superar estos obstáculos y construir un negocio próspero.

Además, es importante no centrarse únicamente en las ventas a corto plazo. Aunque generar ventas es importante, también es esencial construir relaciones a largo plazo con tus clientes. Esto puede implicar proporcionar un excelente servicio al cliente, crear una marca fuerte y atractiva, y trabajar en la fidelización de clientes. Los clientes leales que regresan una y otra vez pueden ser una valiosa fuente de ingresos a largo plazo para tu negocio.

Por último, es importante seguir aprendiendo y creciendo como emprendedor. El mundo del comercio electrónico y del dropshipping está en constante evolución, con nuevas tendencias, herramientas y estrategias que surgen regularmente. Al mantenerse al día con estos desarrollos y buscar constantemente mejorar tus habilidades y conocimientos, puedes asegurarte de que tu negocio siga siendo competitivo a largo plazo.

En resumen, el éxito en el dropshipping requiere una perspectiva a largo plazo. Requiere paciencia, perseverancia y una voluntad de aprender y adaptarse. No te desanimes si no ves resultados inmediatos: con el tiempo y el esfuerzo, puedes construir un negocio de dropshipping próspero.

e. Servicio al cliente excepcional

En el mundo del comercio electrónico, un servicio al cliente excepcional no solo es deseable, sino absolutamente esencial. Puede marcar la diferencia entre un negocio que sobrevive y uno que prospera. Un servicio al cliente excepcional puede ayudarte a construir una buena reputación, fidelizar a tus clientes y generar ventas repetidas.

Un excelente servicio al cliente comienza con una comunicación clara y rápida. Los clientes aprecian respuestas rápidas a sus preguntas o inquietudes. Ya sea por correo electrónico, chat en vivo o redes sociales, asegúrate de responder rápidamente a las solicitudes de los clientes. Incluso si no puedes resolver un problema de inmediato, una respuesta rápida para informar al cliente que estás trabajando en su solicitud puede ser de gran ayuda para construir confianza.

Resolver problemas de manera efectiva también es crucial. Esto puede implicar trabajar con tus proveedores para resolver problemas de envío, manejar devoluciones y reembolsos de manera justa o encontrar soluciones creativas para abordar las necesidades específicas de los clientes. Recuerda que cada problema resuelto de manera satisfactoria puede convertir a un cliente insatisfecho en un defensor de tu marca.

Pero un servicio al cliente excepcional no se limita a manejar problemas. También se trata de crear una experiencia positiva para tus clientes en cada etapa del proceso de compra. Esto puede implicar proporcionar descripciones de productos detalladas y precisas, hacer que el proceso de pedido sea lo más sencillo y fluido posible y seguir con correos electrónicos de agradecimiento o ofertas personalizadas después de la compra.

Por último, no olvides que el servicio al cliente es una oportunidad para aprender de tus clientes. Los comentarios y las opiniones de los clientes pueden proporcionar información valiosa sobre tus productos y tu tienda, y ayudarte a identificar áreas en las que puedes mejorar.

En resumen, un servicio al cliente excepcional es un elemento clave para el éxito en el dropshipping. Al responder rápidamente a las solicitudes de los clientes, resolver problemas de manera efectiva y trabajar constantemente para mejorar la experiencia del cliente, puedes construir una sólida reputación y fidelizar a tus clientes para ventas repetidas.

f. Evitar la parálisis por análisis

En el mundo del dropshipping, hay una multitud de decisiones que tomar: qué nicho elegir, qué productos vender, cómo comercializar tu tienda y mucho más. Con tantas variables a considerar, es fácil caer en la trampa de la "parálisis por análisis", donde pasas tanto tiempo analizando y pensando en tus opciones que al final no haces nada en absoluto.

Es importante entender que la perfección no es alcanzable y que la incertidumbre es parte del espíritu empresarial. Claro, es importante hacer tu investigación y planificar con cuidado, pero en algún momento debes tomar una decisión y actuar. Ya sea para elegir un producto, lanzar una campaña de marketing o resolver un problema de servicio al cliente, la acción es a menudo el mejor remedio contra la parálisis por análisis.

Además, recuerda que los errores son una parte inevitable y valiosa del proceso de aprendizaje. Cada error o fracaso es una oportunidad para aprender y mejorar. Si un enfoque en particular no funciona, siempre puedes ajustar tu estrategia y probar algo nuevo. De hecho, la capacidad de aprender rápidamente de tus errores y adaptarte en consecuencia es una de las habilidades más valiosas que un empresario de dropshipping puede tener.

En resumen, no te dejes paralizar por el análisis. Realiza tu investigación, planifica con cuidado, pero no olvides que la acción es la clave del progreso. Toma decisiones, aprende de tus errores y no tengas miedo de ajustar tu estrategia en el camino. Con este enfoque, puedes seguir avanzando, aprendiendo y creciendo como empresario de dropshipping.

3.   Preguntas frecuentes comunes

El dropshipping, al igual que cualquier otro modelo de negocio, está rodeado de muchas ideas erróneas y preguntas frecuentes. Estas ideas erróneas a menudo pueden desanimar a los nuevos emprendedores o llevarlos a tomar decisiones basadas en información incorrecta. Aquí hay algunas de las ideas erróneas más comunes sobre el dropshipping y la verdad detrás de ellas.

a.   El dropshipping no es rentable

Esta es probablemente una de las ideas erróneas más comunes sobre el dropshipping. La verdad es que, al igual que cualquier otro negocio, la rentabilidad del dropshipping depende de muchos factores, incluida la selección de productos, la estrategia de precios, la gestión de costos y la eficacia del marketing. Con la estrategia adecuada y una ejecución eficaz, el dropshipping puede ser sin duda un negocio muy rentable.

b. Es demasiado tarde para comenzar el dropshipping

Algunas personas piensan que, debido a que el dropshipping es un modelo de negocio popular, el mercado está saturado y es demasiado tarde para comenzar. Sin embargo, aunque el dropshipping se ha vuelto más competitivo con el tiempo, todavía hay muchas oportunidades para aquellos dispuestos a realizar la investigación necesaria y encontrar nichos de productos únicos. Además, el comercio electrónico sigue creciendo cada año, lo que significa que cada vez más clientes hacen sus compras en línea.

c. El dropshipping es fácil

Otra idea errónea común es que el dropshipping es una forma fácil de ganar dinero en línea. Si bien el dropshipping tiene algunas ventajas, como la falta de necesidad de gestionar un inventario físico, también conlleva sus propios desafíos. Requiere una investigación de mercado exhaustiva, una excelente gestión de la relación con el cliente, una estrategia de marketing efectiva y la capacidad para manejar problemas logísticos y problemas con los proveedores.

d. Todos los productos se pueden dropshippear

Si bien el dropshipping ofrece una gran flexibilidad en cuanto a los tipos de productos que puedes vender, no todos los productos son ideales para el dropshipping. Por ejemplo, los productos que son muy pesados o voluminosos pueden no ser rentables para dropshippear debido a los altos costos de envío. Del mismo modo, los productos que requieren mucho servicio postventa o soporte técnico tampoco pueden ser ideales para el dropshipping.

En resumen, es importante investigar por cuenta propia y comprender las realidades del dropshipping antes de comenzar. Con una buena comprensión del modelo de negocio y una estrategia sólida, el dropshipping puede ser una excelente manera de iniciar un negocio en línea.

4.   *Recursos adicionales*

Para profundizar aún más en tus conocimientos sobre dropshipping, SEO, marketing y otros aspectos del comercio electrónico, aquí tienes una lista de valiosos recursos en línea:

• **Blog de Shopify:** Para consejos sobre comercio electrónico y dropshipping.

• **Blog de Moz:** Para aprender sobre SEO.

• **Blog de HubSpot:** Para marketing digital.

• **Blog de Ahrefs:** Otra excelente fuente de información sobre

SEO y marketing de contenido.

• **Blog de Neil Patel:** Para estrategias avanzadas de marketing digital.

• **Ecommerce Fuel:** Para consejos sobre comercio electrónico para empresas de 6 y 7 cifras.

• **Blog de Oberlo:** Específicamente para el dropshipping.

• **Ecommerce Bytes:** Para noticias e información sobre comercio electrónico.

• **Reddit r/dropship:** Un foro comunitario para dropshippers.

• **Google Digital Garage:** Para cursos gratuitos sobre marketing digital.

• **Coursera y Udemy:** Para cursos en línea sobre comercio electrónico, SEO y marketing.

• **Google Trends:** Para identificar tendencias de productos.

• **Centro de Dropshipping de AliExpress:** Para encontrar productos para dropshippear.

• **Blog de DigitalMarketer:** Para estrategias avanzadas de marketing digital.

• **Search Engine Journal:** Para consejos y noticias sobre SEO y SEM.

• **Social Media Examiner:** Para estrategias de marketing en redes sociales.

• **Blog de Kissmetrics:** Para información sobre análisis y seguimiento de datos.

• **Practical Ecommerce:** Para consejos prácticos sobre comercio electrónico.

• **Blog de Yotpo:** Para retención de clientes y consejos sobre reseñas.

• **Blog de Ecom Elites:** Para consejos sobre dropshipping y comercio electrónico.

• **Reddit r/ecommerce:** Otro foro comunitario para emprendedores de comercio electrónico.

• **LinkedIn Learning:** Para cursos en línea sobre comercio electrónico, SEO y marketing.

• **Skillshare:** Para cursos en línea sobre una variedad de temas relacionados con el comercio electrónico.

• **Blog de Jungle Scout:** Para consejos sobre vender en Amazon.

• **Blog de SaleHoo:** Para consejos sobre dropshipping y ventas al por mayor.

• **Blog de Ecomdash:** Para consejos sobre gestión de inventario y envíos.

• **Alibaba Insights:** Para información sobre tendencias de mercado y proveedores.

• **Planificador de palabras clave de Google:** Para investigación de palabras clave para SEO.

Estos recursos pueden ayudarte a mantenerte actualizado con las últimas tendencias y estrategias en el mundo en constante evolución del comercio electrónico.

5.   Conclusión

En conclusión, el dropshipping es una aventura empresarial extraordinaria, una verdadera odisea en el fascinante mundo del comercio electrónico. Es un negocio que se puede iniciar con una inversión inicial modesta pero que tiene el potencial de ofrecer rendimientos impresionantes. Es una oportunidad única para sumergirse en el mundo dinámico del comercio electrónico, descubrir nuevos mercados y conectar a clientes de todo el mundo con los productos que están buscando.

A través de este curso, has adquirido una gran cantidad de conocimientos y habilidades valiosas. Has aprendido cómo crear y gestionar tu propia tienda Shopify, cómo seleccionar los productos y proveedores adecuados, cómo optimizar tu sitio para SEO, cómo implementar estrategias de marketing efectivas y mucho más.

Y ahora, ¡ha llegado el momento! Es hora de tomar acción y lanzar tu propio negocio de dropshipping. El mundo del comercio electrónico te espera con ansias. Sí, es normal e incluso se espera tener miedos y dudas al embarcarse en algo nuevo y desconocido. Pero no dejes que estos miedos te impidan alcanzar tus sueños. Recuerda, cada fracaso es un paso hacia el éxito, una oportunidad para aprender, crecer y mejorar.

El dropshipping no es un esquema para hacerse rico rápidamente, es una aventura que requiere tiempo, esfuerzo y perseverancia. Habrá desafíos y obstáculos en el camino, pero con determinación y la voluntad de aprender, puedes superarlos. Y lo más importante, no olvides disfrutar del proceso. Después de todo, el espíritu empresarial no se trata solo de ganancias, sino también de pasión y satisfacción personal.

Celebra cada éxito, grande o pequeño. Cada venta, cada comentario positivo de un cliente, cada objetivo alcanzado es una validación de tu arduo trabajo y determinación. Estos momentos de éxito son valiosos y merecen ser celebrados.

El mundo del comercio electrónico está en constante evolución, con nuevas tendencias, tecnologías y oportunidades que surgen todo el tiempo. Para tener éxito, es esencial mantener la curiosidad, seguir aprendiendo y adaptarse a los cambios.

El viaje hacia el éxito en el dropshipping puede ser un desafío, pero también es increíblemente gratificante. Con los conocimientos que has adquirido en este curso, estás bien preparado para comenzar tu viaje. Entonces, no dudes más, da el salto y persigue tus sueños empresariales. Esperamos con interés ver lo que lograrás. ¡Buena suerte y disfruta de esta emocionante aventura!

GLOSARIO

1. **Dropshipping:** Modelo de negocio en el que el minorista no almacena los productos, sino que transfiere los pedidos de los clientes al fabricante u otro minorista.
2. **Shopify:** Plataforma de comercio electrónico que permite crear una tienda en línea y vender productos.
3. **Nicho:** Segmento específico del mercado caracterizado por un grupo objetivo particular o un producto especializado.
4. **Proveedor de dropshipping:** Empresa que produce y/o almacena productos y luego los envía directamente al cliente en nombre del minorista de dropshipping.
5. **SEO (Optimización de motores de búsqueda):** Técnicas utilizadas para mejorar la clasificación de un sitio web en los resultados de búsqueda de los motores de búsqueda.
6. **Google Analytics:** Servicio gratuito de Google que permite el seguimiento y la generación de informes del tráfico de un sitio web.
7. **Píxel de Facebook:** Código colocado en un sitio web para realizar un seguimiento de las conversiones de los anuncios de Facebook, crear audiencias para futuros anuncios y hacer remarketing a las personas que ya han realizado una acción en el sitio web.
8. **Marketing por correo electrónico:** Forma de marketing directo que utiliza el correo electrónico para promocionar los productos o servicios de una empresa.
9. **Marketing de influencia:** Forma de marketing social

que utiliza endosos y menciones de productos por parte de personas con un seguimiento social dedicado.

10. **Servicio al cliente:** Asistencia y orientación que una empresa brinda a quienes compran o utilizan sus productos o servicios.

11. **Valor promedio del pedido (AOV):** Promedio del monto total gastado cada vez que un cliente realiza un pedido en un sitio web o aplicación móvil.

12. **Tasa de conversión:** El porcentaje de visitantes de un sitio web que completan la acción deseada.

13. **Remarketing:** Estrategia de marketing que se dirige a las personas que ya han visitado su sitio web pero que no han realizado la acción deseada.

14. **Tendencias de dropshipping:** Cambios y evoluciones en el mundo del dropshipping que pueden afectar la forma en que gestiona su negocio.

15. **Pago en línea:** Transacción realizada a través de Internet que implica el intercambio de fondos electrónicos.

16. **Envío:** Proceso de envío de productos desde el proveedor hasta el cliente.

17. **Tema de Shopify:** Plantilla de diseño para tiendas de Shopify.

18. **Optimización de la tienda:** Proceso de mejora de la eficiencia y efectividad de la tienda en línea.

19. **Google Ads:** Plataforma publicitaria en línea donde los anunciantes pagan para mostrar anuncios, listados de servicios, listados de productos, videos, etc.

20. **Anuncios de Facebook:** Plataforma publicitaria que permite a las empresas crear anuncios dirigidos para llegar a diferentes audiencias.

21. **Anuncios de Instagram:** Anuncios que aparecen en Instagram y se pueden dirigir en función de varios factores demográficos y de comportamiento.

22. **Publicidad de pago:** Forma de publicidad en la que las empresas pagan para mostrar sus anuncios en diversas plataformas.

23. **Devoluciones:** Proceso mediante el cual los clientes devuelven los productos que han comprado.

24. **Reembolsos:** La devolución de dinero a un cliente después de una devolución de producto o insatisfacción.

25. **Opiniones de los clientes:** Comentarios dejados por los clientes sobre los productos o servicios que han comprado.

26. **Venta adicional (Upselling):** Técnica de venta en la que el vendedor anima al cliente a comprar un producto más caro, una actualización u otro artículo para que la venta sea más rentable.

27. **Venta cruzada (Cross-selling):** Técnica de venta en la que el vendedor anima al cliente a comprar productos complementarios o relacionados.

28. **Análisis del rendimiento:** Proceso de evaluación de la eficacia y eficiencia de un negocio.

29. **Gestión del crecimiento:** Estrategias y prácticas para gestionar y respaldar el crecimiento empresarial.

30. **Desafíos de la gestión:** Problemas y obstáculos que enfrentan los gerentes al dirigir un negocio.

31. **Tendencias del mercado:** Movimientos y desarrollos en el mercado que pueden afectar a un negocio.

32. **Estrategia de marketing:** Un plan de acción diseñado para promover y vender productos o servicios.

33. **Marketing en redes sociales:** El uso de plataformas de redes sociales para promocionar un producto o servicio.

34. **Política de devoluciones:** Reglas y procedimientos establecidos por una empresa para gestionar las

devoluciones de productos por parte de los clientes.

35. **Gestión de reembolsos:** El proceso de devolver dinero a un cliente después de una devolución de producto o insatisfacción.

36. **Gestión de opiniones de clientes:** El proceso de recopilar, gestionar y responder a las opiniones de los clientes.

37. **Inventario:** La cantidad total de bienes y/o materiales que una empresa tiene en stock en un momento dado.

38. **Productos de alto margen:** Productos que generan un margen de beneficio elevado en relación con su costo.

39. **Productos de bajo margen:** Productos que generan un margen de beneficio bajo en relación con su costo.

40. **Productos populares:** Productos que son actualmente populares o están de moda.

41. **Productos estacionales:** Productos que son populares o demandados en ciertas estaciones o épocas del año.

42. **Productos siempre verdes:** Productos que mantienen su popularidad y demanda con el tiempo, independientemente de las tendencias o estaciones.

43. **Productos de nicho:** Productos destinados a servir a un segmento de mercado específico o grupo objetivo.

44. **Productos de mercado masivo:** Productos destinados a servir a un público amplio o un gran segmento de mercado.

45. **B2B (Business to Business):** Transacciones comerciales entre dos empresas, como entre un fabricante y un mayorista, o entre un mayorista y un minorista.

46. **B2C (Business to Consumer):** Transacciones

comerciales entre una empresa y un consumidor final.

47. **C2C (Consumer to Consumer):** Transacciones comerciales entre dos consumidores, generalmente facilitadas por una plataforma de terceros.

48. **Comercio electrónico:** La actividad de comprar o vender bienes o servicios en línea.

49. **Comercio móvil (M-commerce):** La compra y venta de bienes y servicios a través de dispositivos móviles sin cables.

50. **Logística:** La gestión del almacenamiento y distribución de bienes.

51. **Costos de envío:** El costo asociado al envío de un artículo de un lugar a otro.

52. **Envío gratuito:** Un servicio de envío donde la empresa absorbe los costos de envío, por lo que el cliente no tiene que pagar por el envío.

53. **Envío exprés:** Un servicio de envío rápido que garantiza la entrega de productos en un tiempo más corto que el envío estándar.

54. **Envío estándar:** Un servicio de envío que no ofrece entrega rápida, pero que generalmente es más económico que el envío exprés.

55. **Envío diferido:** Un servicio de envío en el que el cliente elige una fecha de entrega futura.

56. **Entrega en punto de recogida:** Un servicio de envío en el que el cliente recoge su pedido en un lugar específico en lugar de recibirlo en su domicilio.

57. **Entrega a domicilio:** Un servicio de envío en el que los productos se entregan directamente en la residencia del cliente.

58. **Compra en línea y recogida en tienda (Click and Collect):** Un servicio en el que los clientes pueden comprar productos en línea y recogerlos en la tienda.

59. **Marketplace:** Una plataforma en línea donde se

venden productos de diferentes vendedores.

60. **Proveedor de servicios de pago:** Una empresa que proporciona servicios de procesamiento de pagos en línea a los comerciantes.

61. **Pago seguro:** Un pago realizado a través de un sistema que protege la información de la tarjeta de crédito y otros datos sensibles.

62. **Pago a plazos:** Una opción de pago que permite a los clientes pagar sus compras en varias cuotas durante un período.

63. **Pago contra entrega:** Una opción de pago en la que el cliente paga por los productos en el momento de la entrega.

64. **Pago por adelantado:** Una opción de pago en la que el cliente paga por los productos al realizar el pedido.

65. **Pago aplazado:** Una opción de pago que permite a los clientes recibir un producto antes de pagarlo.

66. **Tarjeta de crédito:** Un método de pago que permite a los titulares pagar bienes y servicios en función de su promesa de pagar por ellos.

67. **Paypal:** Un servicio de pago en línea que permite a individuos y empresas transferir fondos electrónicamente.

68. **Transferencia bancaria:** La transferencia de fondos de una cuenta bancaria a otra.

69. **Cheque:** Un documento que ordena a un banco pagar una cantidad específica de la cuenta del emisor a una persona o empresa.

70. **Criptomoneda:** Un tipo de moneda digital que utiliza la criptografía para asegurar las transacciones y controlar la creación de nuevas unidades.

71. **Carrito de compras:** Interfaz en un sitio web de comercio electrónico que permite a los usuarios agregar artículos que desean comprar.

72. **Página de producto:** Página en un sitio web de

comercio electrónico que proporciona detalles sobre un producto específico.

73. **Página de inicio:** La primera página que ve un visitante cuando llega a un sitio web.

74. **Página de categoría:** Página en un sitio web de comercio electrónico que muestra una lista de productos de una categoría específica.

75. **Página de contacto:** Página en un sitio web que proporciona información sobre cómo ponerse en contacto con la empresa.

76. **Página "Acerca de nosotros":** Página en un sitio web que proporciona información sobre la empresa.

77. **Blog:** Sección de un sitio web que contiene artículos, generalmente escritos por la empresa o el propietario del sitio web.

78. **Boletín informativo:** Boletín de correo electrónico regular enviado a suscriptores.

79. **Ventana emergente:** Un tipo de ventana que se abre sin interacción del usuario al visitar un sitio web.

80. **Banner:** Un panel publicitario grande colocado en un sitio web.

81. **Slider:** Un elemento gráfico que muestra varios elementos (generalmente imágenes) en una secuencia rotativa.

82. **Pie de página:** La sección inferior de una página web que generalmente contiene información de contacto de la empresa, enlaces a políticas de la empresa, etc.

83. **Encabezado:** La sección superior de una página web que generalmente contiene el logotipo de la empresa, el menú de navegación, etc.

84. **Menú de navegación:** Una barra de menú o lista de enlaces que ayuda a los visitantes a navegar por un sitio web.

85. **Filtros de búsqueda:** Herramientas que ayudan a los usuarios a refinar sus resultados de búsqueda en un

sitio web.

86. **Motor de búsqueda interno:** Una herramienta que permite a los usuarios buscar contenido específico en un sitio web.

87. **Chat en vivo:** Un servicio que permite a los usuarios comunicarse en tiempo real en un sitio web.

88. **Preguntas frecuentes (FAQ):** Una página en un sitio web que contiene respuestas a preguntas comúnmente formuladas.

89. **Términos y condiciones (T&C):** Un documento que define los términos y condiciones bajo los cuales una empresa vende sus productos o servicios a los clientes.

90. **Avisos legales:** Información requerida por la ley para proporcionar en un sitio web, generalmente relacionada con la identidad de la empresa, los términos de uso del sitio, etc.

91. **Política de privacidad:** Un documento que explica cómo una empresa recopila, utiliza y gestiona los datos de los usuarios.

92. **Cookies:** Pequeños archivos de datos almacenados en la computadora de un usuario por un sitio web, generalmente utilizados para rastrear las preferencias y actividades de navegación del usuario.

93. **Back office:** La parte de un sistema de información empresarial utilizada para gestionar operaciones que no están directamente relacionadas con los clientes, como la gestión de inventarios y pedidos.

94. **Front office:** La parte de un sistema de información empresarial que gestiona las interacciones directas con los clientes, como el sitio web de la empresa y el servicio al cliente.

95. **CMS (Sistema de gestión de contenidos):** Software que permite a los usuarios crear, gestionar y editar contenido de un sitio web sin necesidad de

conocimientos técnicos especializados.

96. **CRM (Gestión de relaciones con los clientes):** Software que ayuda a las empresas a gestionar y analizar las interacciones con sus clientes.

97. **ERP (Planificación de recursos empresariales):** Software que ayuda a las empresas a gestionar e integrar partes críticas de su operación.

98. **PIM (Gestión de la información de productos):** Software que ayuda a las empresas a gestionar toda la información necesaria para comercializar y vender productos.

99. **DMP (Plataforma de gestión de datos):** Una plataforma que recopila, organiza y activa datos de diversas fuentes.

100.   **100. KPI (Indicador clave de rendimiento):** Una medida utilizada para evaluar el éxito de una organización o actividad en particular.